La Californie est un bel endroit si vous êtes une orange

INT. PLATEAU - NUIT

Je me souviens d'un temps où il allait de soi de détester cet endroit.
Personnellement, ça ne m'a jamais posé problème.
Mais ça fait un sacré bail, tout ça !
Je ne crois pas qu'on se soit attendris depuis, ni l'un ni l'autre...
... mais de l'eau a coulé sous les ponts et nos sentiments sont bien moins passionnés aujourd'hui.

* Surnom d'Hollywood.

Tant que les gens cesseront de poser ces sempiternelles questions auxquelles je ne pourrai jamais répondre…
… et alors là, il y en a un paquet !
En revanche… je veux bien en aborder une, et celle-ci, elle revient souvent :
« Qu'est-ce qui a bien pu m'arriver ? »

Hu hu…
Elle est bien bonne, celle-là !
HA !
MHA ! HAHAHAHA ! HÉHÉHÉ !
Rien n'est « arrivé » !

J'ai écrit, adapté les plus grandes œuvres, réalisé, mis en scène, joué la comédie…
J'ai beaucoup voyagé, j'ai peint et dessiné, et ce faisant, j'ai aimé et j'ai aussi haï…
Je ne peux plus compter les choses que j'ai faites, bonnes ou mauvaises.
Je n'ai pas fini fauché comme les blés, revanchard ou aigri comme bien d'autres. Je n'ai pas été **OUBLIÉ.**
Je n'espère pas.
Je ne le **SERAI PAS.**

Pourquoi donc s'appesantir sur la fable du "génie gâché" ? Pourquoi dépeindre ma vie comme une tragédie ?
Je suis ce que je suis, un point c'est tout !
De grâce, arrêtez de vous en faire pour tout ça.
À ma connaissance, je ne brille pas dans le noir.

Je suis encore dans le coup. Je peux encore dire "action" et "coupez" comme tous les autres.
Ma parole ! Je peux même jouer dans une bande dessinée !
Non, mesdames et messieurs, rien n'est « arrivé ». Et je peux vous révéler un scoop...
Je suis de retour et je veux une revanche.

Je suis
Orson Welles.
HOLLYWOOD

Le pitch

1977

EXT. HOLLYWOOD - JOUR

Vous ne devriez jamais ouvrir une pièce avec ce qu'elle a de meilleur, mais un **FILM**, lui, doit démarrer sur les chapeaux de roues.
CALIFORNIA REPUBLIC
C'est obligé, parce que cet écran est sans vie. C'est une image projetée et vous ne pouvez pas y insuffler de vie, à moins que vous captiviez les gens d'entrée.
Sinon, la messe est dite.
Restaurant PICARD Ma Maison Bistrot PICARD
Parenthèse fermée... On est ici pour parler de mon film, n'est-ce pas ?
À l'origine, c'était une histoire de tauromachie et de fascination pour la mort... et aussi un peu un portrait de la décadence...
MA MAISON
BISTROT
PRESSE FRANÇAISE
VILLE DE PARIS LICENCE N° IV
J. J. Hannaford III, le mec qui se tue dans l'accident, est un réalisateur vieillissant. Imaginez une sorte de pseudo-Hemingway.

INT. RESTAURANT "MA MAISON" - JOUR

C'est le film que je veux faire.
Ou plutôt, que je voudrais finir de faire...
... avec votre aide, naturellement.
Il y a tellement de thèmes là-dedans !
Lisez le scénario, il est pas mal.
Passionnant !
De l'autre côté du vent. C'est très beau.
J'aime bien le titre moi aussi.
Tellement mystérieux.
À l'origine, je l'ai intitulé *Les Monstres sacrés*, mais depuis j'ai permuté l'intrigue ; il ne s'agit plus de tauromachie mais de **HOLLYWOOD.**
Qui joue Hannaford ?

Mon vieil ami John Huston. Qui d'autre ?
Il est super dans le rôle et le reste des acteurs aussi.
Paul Stewart...
Susan Strasberg
Norman Foster
Lilli Palmer
Edmond O'Brien
Ah oui ! Et aussi Peter Bogdanovich et Dennis Hopper, deux acteurs et réalisateurs pleins de promesses. Tous de sacrés pros...
Ce film va faire un **CARTON !**
Nous serions très heureux de débloquer les fonds au plus vite...
Du moment que les comptes sont en règle avec vos précédents partenaires financiers.
Ils le sont.
J'ai renoncé à la moitié de mes droits sur le film. Ne vous inquiétez donc pas pour eux.
Croyez-moi, ils sont on ne peut plus contents.
Qui ne le serait pas en travaillant avec l'auteur de *Citizen Kane* ?...

GROO WAF !
WAF WIF WIF
WIF WAF
WAF ! WOF
Tu vas pas mordre nos producteurs, mon petit. Ce serait vraiment pas très malin.
Maintenant, tu te tais et tu laisses les adultes parler.
WOF !
Chut !
Vous êtes au courant que j'en ai fait d'autres depuis **CELUI-LÀ.**
Bien sûr, monsieur Welles, et mon favori absolu n'est autre que *La Splendeur des Amberson*...
EH BIEN VOILÀ ! EXCELLENT CHOIX !

C'est mon préféré aussi, et **DE LOIN**, du moins la version que j'avais à l'esprit...
ORSON WELLES'
UNE PRODUCTION MERCURY DU GRAND ROMAN DE BOOTH TARKINGTON
LA SPLENDEUR DES AMBERSONS
... avant qu'ils ne me le **MASSACRENT**...
C'était un **BIEN MEILLEUR** film que *Kane*...
WROF !
Si seulement ils l'avaient laissé tel qu'il était.
Tu parles d'un gâchis...
Il y a de cela quarante ans, tout seul et libre de toute contrainte imposée par la machine hollywoo-dienne, j'ai réussi, tant bien que mal, à réaliser deux ou trois films...
Les *Amberson* était le deuxième.
Paramount Pictures
Ce qui est dingue est que j'aie pu durer aussi longtemps.

À l'époque, l'industrie du film proposait un produit très profitable taillé pour un public d'âge moyen, au revenu moyen et à l'instruction moyenne.
Aujourd'hui, la seule chose que les patrons des studios savent est que ce marché s'est rajeuni.
Quelle est leur solution alors ? Donner un contrôle total sur leur œuvre à de très jeunes réalisateurs.
NOUVEL HOLLYWOOD
(LES GAMINS)
Bob Rafelson
Peter Bogdanovich
Martin Scorsese
Mike Nichols
Robert Altman
Francis F. Coppola
Comme une mamie tremblotante, Hollywood est soudain effrayé par le trafic. Il a besoin de jeunes bras pour lui faire traverser la rue !
HAHA !
POUET !
Cette nouvelle attitude est touchante, un peu ridicule, et augure d'un avenir meilleur pour le cinéma américain.
IT'S easy RIDER
easy RIDER
PETER FONDA DENNIS HOPPER
JACK NICHOLSON

Écoutez, tous les moins de trente ans, idiots du village compris, veulent devenir réalisateurs.
Et pourquoi pas **MOI ?**
Ouvert de Midi à Minuit
Ma Maison
Restaurant-Bistrot
8368 Melrose Av.
Sales Taxes will be added to retail price of all taxable items.
Not Responsible for lost or stolen articles.
J'ai encore ce besoin avide d'exercer, de quelque façon, le métier que j'ai choisi : le métier de metteur en scène.
Soupe Bloody Mary 1.25
Tomato Soup with a touch of Vodka
Soupe Avgolemono 1.25
Chicken Soup with Eggs and Lemon Sauce
Quiche Lorraine 1.50
Homemade Cheese Tart
Crabes aux Artichauts 2.00
Artichoke Hearts Baked with Crab Meat
Sardines à l'Huile 1.25
Sardines in Olive Oil
Our Homemade Country Style Paté
Avocats au Tarama (en saison) 1.75
Avocado Topped with Sauce Caram and Greek Caviar
Je me sens jeune et fort...
Salades
Salade de Cresson 1.75
Watercress, Tomato
... et j'ai faim !
Grillades
Entrecôte Grillée 7.95
Steak New-York with "Ma Maison"
Pas vous ?
Tout à fait !
Oh oui ! On a l'eau à la bouche rien qu'à lire ce menu...
Le chef est Wolfgang Puck, un vrai crack.
Croque-Madame
Fried Turkey Swiss Cheese
Crêpes aux Fruits de Mer 6.00
Seafood Crepe

Bonjour ! Qu'est-ce qu'on mange aujourd'hui ?
Ah ! Patrick !
Je compte sur vous pour initier mes hôtes à la nouvelle cuisine californienne.
Avec plaisir !
M. Terrail descend d'une grande famille de restaurateurs...
Son oncle tient la fameuse *Tour d'Argent* à Paris. Qu'est-ce qu'on s'est pas mis derrière la cravate là-bas pendant le tournage du *Procès* !
Eh bien, Ma Maison est un petit morceau de Paris sur Melrose...
... et ce que nous faisons ici est très simple : nous n'utilisons que la production locale, des produits de première fraîcheur, pour une cuisine légère et savoureuse.
Parler cinéma me donne toujours faim.
Bon, d'accord...
Tu diras à Wolfgang d'y aller mollo sur les câpres, hein ?
Bien...
Quel est le plat du jour ?
La sole meunière, madame.
J'adore la sole meunière !
Je suis tenté par le poulet, moi...

... Je prends la salade.
Voyez-vous, mon toubib m'a dit d'arrêter d'avoir des dîners pour quatre...
... à moins qu'il y ait **TROIS** autres personnes.
MHA !
HAHAHAHA !
MHA HAHAHAHA ! HUHUHAHAHAHAHA !
Je reconnaîtrais ce rire entre mille.
Va-t-il réussir à finir un seul film ?
Vieux singe !
Ça, c'est du pitch.
Ces deux producteurs...
Les pauvres.
Ma Maison
PICARD
PICARD
HAHA !
Orson est dans les parages, hein ?
Et il a les crocs !
Rien de tel qu'un bon petit meursault pour fêter ça.

À la vôtre !
Merci d'aider un vieux metteur en scène à réaliser son dernier film avant que la nouvelle génération ne le ringardise pour de bon !
Je parle du personnage, de Hannaford. **ÉVIDEMMENT.**
Toute ressemblance avec des personnes existantes ou ayant existé est purement fortuite.
C'est juste une histoire.
C'est une superbe histoire.
Une très belle histoire, en effet, monsieur Welles.
Ma Maison

Wunderkind

1915

INT. RÉSIDENCE DES WELLES - NUIT

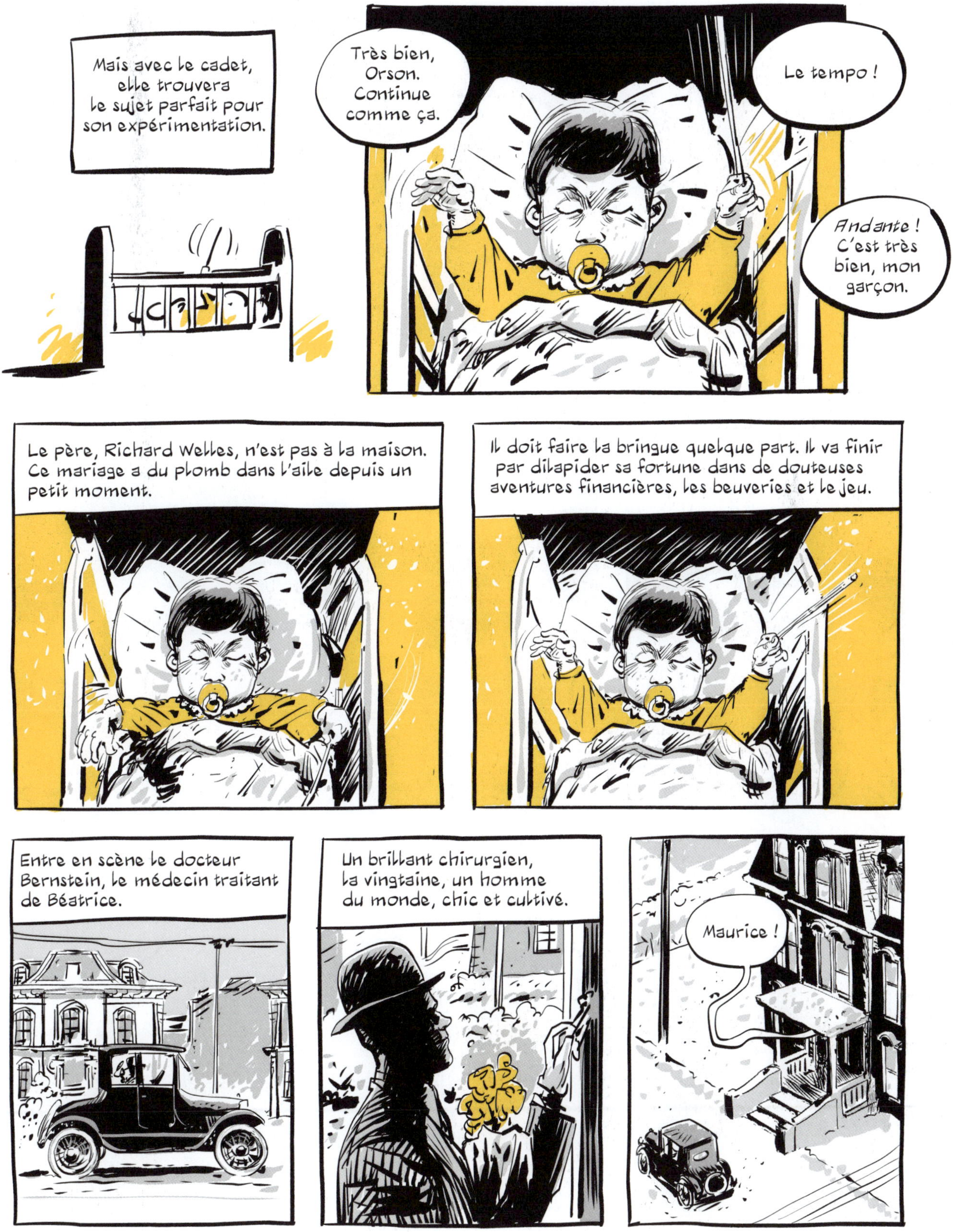

Mais avec le cadet, elle trouvera le sujet parfait pour son expérimentation.
Très bien, Orson. Continue comme ça.
Le tempo !
Andante ! C'est très bien, mon garçon.
Le père, Richard Welles, n'est pas à la maison. Ce mariage a du plomb dans l'aile depuis un petit moment.
Il doit faire la bringue quelque part. Il va finir par dilapider sa fortune dans de douteuses aventures financières, les beuveries et le jeu.
Entre en scène le docteur Bernstein, le médecin traitant de Béatrice.
Un brillant chirurgien, la vingtaine, un homme du monde, chic et cultivé.
Maurice !

Comment vous sentez-vous, aujourd'hui, mon amie ?
Vous m'avez fait un bien fou.
Le remède marche, j'en suis ravi.
Mais **VOUS ÊTES** mon remède, cher Maurice.
Et Pookles, il prend ses gougouttes ?
Le besoin de prendre ses médicaments est un des traits qui séparent les humains des animaux.
Ce garçon est béni des dieux, Béatrice.
Oh, mais il a encore une belle marge de progression.

Les enfant peuvent être traités comme des adultes tant qu'ils se montrent intéressants.
ÇA ALORS !
QUEL TALENT !
SUPERBE !
BRAVO !
Dès qu'ils deviennent ennuyeux, ils sont congédiés dans leur chambre.
Le fait est que pendant des années, ce garçon n'entendra jamais un seul mot de découragement.
Il peint, et ils disent : « Personne n'a peint plus belle toile », voyez le genre ?
Il joue de la musique, et ils disent : « Sacré virtuose ! »
KWEEE !
KWEEK !
Il écrit, et ils disent : « Personne n'a écrit de plus beau texte ! »
Il fait des tours de magie, et ils disent. « Voici le nouveau Houdini ! »
BRAVO !
BRAVO !
Il lui semble qu'il n'y a aucune limite à ce qu'il peut faire.
BRILLANT !
MERAVIGLIOSO !
Il ne sait pas encore ce qui l'attend, pauvre petite chose !
BRAVO !

À l'école, il est considéré, par les enfants tout comme par les adultes, comme une sorte de petite monstruosité.
Je pense que cet enfant n'est pas normal.
Ben, c'est un *Wunderkind*, ma chère.
Je ne veux pas de ça dans ma classe.
THE FRENCH REVOLUTION
HÉ ! WELLES !
Tales From SHAKE
ARRÊTE DE LIRE, ORSON !
WHITMAN
Sa mère est une intello. Elle a un amant et tout.
Où est donc son mari ?
Tu te crois plus malin, hein ?
THEATER
COMMEDIA dell'ARTE
Viens jouer avec nous ! La lecture, c'est pour les lavettes.
Richard Welles est une espèce d'inventeur. Il doit être quelque part en train de dépenser tout son argent dans la boisson et le jeu.

Dès le plus jeune âge, le garçon est immergé dans les milieux cosmopolites et les salons d'intellectuels, surtout après le déménagement à Chicago. Il maîtrise le langage et la syntaxe au point de s'engager dans des joutes verbales avec les adultes.
Alors, Orson, comment ça se passe à l'école ?
L'école ? Ce n'est pas pour moi, monsieur.
THUS SPAKE ZARATHUSTRA
L'école n'est rien d'autre qu'une fabrique d'opinions, voyez-vous ?
Plaît-il ?
Je vais bien devoir y passer quelque temps, mais point trop n'en faut.
Je préfère me lancer dans le théâtre plutôt que d'aller à Harvard !
Vous avez entendu ça ?
Mon Dieu, cet enfant est tellement doué...
... EFFROYABLEMENT doué.

Maurice, lui-même un grand passionné de théâtre, offrira au petit garçon des cadeaux qui vont le marquer à vie.
Un des premiers et des plus notables est un théâtre de marionnettes.
Orson fabrique ses marionnettes, écrit ses dialogues et joue toutes les voix tel un ventriloque chevronné.
Orson's Guignol
Plus tard, le docteur Bernstein l'aidera à transformer le grenier en un mini-théâtre fait de caisses en bois et de rideaux de fenêtres.
Avec le temps, le grenier croulera sous la panoplie de masques, accessoires, costumes, boîtes de maquillage. Un foisonnement qui n'a rien à envier aux coulisses d'un vrai théâtre.

Le docteur Bernstein, vivant désormais avec Béatrice, devient *de facto* un père de substitution, au grand dam de son vrai père, Richard Welles.
Je ne sais pas ce que ta mère lui trouve, à ce type. Et à présent il voudrait que tu deviennes magicien ?
Dadda dit qu'il faut s'entraîner tout le temps, daddy.
C'est ça, oui.
Et, pour l'amour du ciel, arrête de l'appeler "dadda"...
Il m'appelle Pookles.
Il ne peut pas t'appeler Orson comme tout le monde ?
À propos, Orson, ça vient d'où ?
Ta mère et moi avions deux très bons amis, George Ade et Orson C. Welles.
Avant, ils t'appelaient George mais Dieu que je détestais ça ! Nous devions t'appeler Orson...
... parce que tous les foutus porteurs de valises du pays s'appellent George !
Daddy ?
Choisis une carte.
... N'importe quelle carte.

Le garçon a neuf ans quand Béatrice Welles meurt.
Sa douleur est si immense que le seul moyen de s'en défaire est de se défaire de l'enfance elle-même.
Il doit grandir, vieillir vite. Aussi vite qu'il peut.
Dans sa tête, il l'est déjà. Il lui en manque juste l'apparence.
Peut-être qu'une perruque, un peu de maquillage et une fausse barbe fera l'affaire.
Et puis le cigare devrait faire maturer sa voix plus vite que la nature ne le permet.
Il est temps d'entrer en scène, la scène des bouffons et des rois tourmentés...
KOF! KOF! KOF!

SOUFFLEZ À VOUS CREVER LES JOUES !
CATARACTES ET OURAGANS, DÉGORGEZ-VOUS JUSQU'À CE QUE VOUS AYÉZ SUBMERGÉ NOS CLOCHERS ET NOYÉ LEURS COQS !
Vous, éclairs sulfureux, actifs comme l'idée, avant-coureurs de la foudre qui fend les chênes, venez roussir ma tête blanche !
VENTS, SOUFFLEZ !
Pauvre vieillard infirme, débile et méprisé !
Me voici votre souffre-douleur !
FAITES RAGE !
Vous qui, ligués avec deux filles perfides, lancez les légions d'en haut contre une tête si vieille et si blanche !
OH ! OH ! C'EST AFFREUX !
BRAVO !
BRAVO !

P comme propagande

1938

INT. THEÂTRE MERCURY - NUIT

Les ides
de Mars
sont arrivées.
BRAS, PARLEZ
POUR MOI !

Toi aussi, Brutus !
... Tombe donc, César !
... Si alors cet ami demande pourquoi Brutus s'est levé contre César, voici ma réponse...
Ce n'est pas que j'aimasse moins César, MAIS J'AIMAIS ROME DAVANTAGE.

Eussiez-vous préféré voir César vivant et mourir tous esclaves, plutôt que de voir César mort et de vivre tous libres ?
César m'aimait, et je le pleure, il fut fortuné, et je m'en réjouis ; il fut vaillant, et je l'en admire !
Mais il fut ambitieux...
... ET JE L'AI TUÉ.
Ainsi, pour son amitié, il y eut des larmes...
... pour sa fortune, de la joie...
... pour sa vaillance, de l'admiration...
... et pour son ambition, LA MORT !

OUI ! BRAVO !
OUI ! BRAVO !
Un autre triomphe, Orson.
Le Théâtre Mercury est officiellement sur orbite.
Les gens des soupes Campbell veulent te voir après la diffusion de *L'Ombre*.
Parfait. Mangeons avec eux au plus tôt !
Nous avons besoin d'un gros sponsor pour tous les projets qu'on a en magasin.
La compagnie devra changer de nom...
Rebaptisons-la *Les Soupes Campbell en direct*, ils vont adorer...
Je vais écrire mes répliques du soir sur le chemin.
Et voici notre carosse.
Une ambulance ?
MERCUR
JULIUS CAESAR
BELL AMBULANCE
WUP !
Je n'ai pas de temps pour les taxis.

WUUUUU WUWUWU
BELL AMBULANCE
Tu ne dors donc jamais ?
J'ai compris, John, je fais trop de choses en même temps, mais ce n'est rien comparé à ce que je faisais à l'école Todd. Je pouvais rester debout pendant des semaines.
WUP !
Je me fais vieux aujourd'hui.
Vieux ? Tu as à peine vingt-trois ans !
Et pourtant, ton expérience théâtrale est bien plus vaste et riche que la mienne.
WUUUUU WUWUWU
Et puis il se trouve que tu possèdes le don le plus précieux qui soit : **UN SENS DRAMATIQUE INNÉ.**

Ce qui est encore plus désarmant, c'est que je suis certain que tu te sens, en permanence, le maître inégalé de cet art.
HAHA !
T'es amoureux ou quoi, John ? Je suis un homme marié, tu sais ? HA HA HA !
OK. Parle-moi de ton projet...
Je voudrais faire un truc vraiment différent, un truc jamais fait jusqu'à présent...
Tout ce que tu fais l'est...
Imagine la diffusion des émissions normales brusquement interrompue par des bulletins urgents...

L'idée est de le faire avec un réalisme tel qu'on aurait l'impression qu'une vraie crise est en train de se produire...
BELL
Une invasion serait parfaite.
Les Allemands ?
Le petit taré à moustache n'hésiterait pas à le faire.
Non, pas les nazis.
Nous devons trouver une œuvre à adapter, une œuvre extravagante...
Le plus important, c'est que ça **SONNE** vrai.
De la science-fiction ? Une crise inter-planétaire !
UNE INVASION EXTRATERRESTRE !

La Columbia Broadcasting System et ses stations affiliées présentent...
... la troupe du Théâtre Mercury dans...
LA GUERRE DES MONDES !
par H. G. Wells.
Mesdames et messieurs, le directeur du Théâtre Mercury et vedette de l'émission, Orson Welles...
CBS
Nous savons que, depuis l'aube du vingtième siècle, notre petit monde a été scruté de près par des intelligences supérieures à celle de l'homme et tout aussi létales...

Avec une suffisance sans bornes, les gens allaient et venaient, s'occupaient de leurs petites affaires, persuadés de leur domination sans partage sur ce bout de bois flotté gravitant autour du Soleil...
Pendant ce temps, dans l'immensité de l'espace, des esprits qui sont aux nôtres ce que les nôtres sont aux bêtes sauvages...
CBS
... scrutaient la Terre avec envie et inexorablement échafaudèrent un plan d'attaque.
À la trente-neuvième année de ce siècle advint **LA GRANDE DÉSILLUSION !**

Ils en ont fait vraiment des tonnes au sujet de cette panique généralisée.

Certains mythes sont bigrement tenaces…
CBS
… mais je peux comprendre pourquoi certains ont eu la trouille de leur vie ce soir-là.
La chose la plus terrifiante qui soit est de réaliser que l'on n'est pas seuls dans l'univers.

Mais toute cette affaire a révélé quelque chose de bien plus important.
À cette époque, avant la télévision et tout ce qui viendra après, la radio n'était pas simplement un bruit dans le salon.
COUCHÉ !
La radio était la voix de l'autorité.
Elle l'était depuis toujours. Un peu trop à mon goût.

TOI, PAS TOUCHE À MON CIGARE !

Qu'est-ce que je disais ?
Ah, oui...
Il était temps que quelqu'un **ÉGRATIGNE UN PEU** cette formidable autorité.
Le reste appartient à l'Histoire...

Ton père est devenu célèbre !
Je peux faire ce que je veux, maintenant.
Les gens d'Hollywood me courent tous après.
Louis B. Mayer lui-même m'offre du boulot.
Mais je vais signer avec RKO, j'aime ce studio et George Schaefer est un mec bien.
Je peux enfin réaliser mon rêve !
Tu m'entends, Darling Girl ?
Le rêve de toute une vie.
LE CINÉMA !

HOLLYWOOD

L'histoire parle en gros des temps troublés qui sont devant nous. J'ai déjà traité du nazisme avec Jules César. Avec ce film, je voudrais explorer plus profondément le monde des... TÉNÈBRES.
Le voyage de Marlow à travers la jungle sera raconté à la première personne, exactement comme dans le roman.
Au cœur des ténèbres est la quintessence du concept de première personne du singulier, mais dans une forme cinématographique.
Nous allons utiliser une caméra subjective du début à la fin ; cela va être une expérience absolument unique.

Je veux que le spectateur soit dans la peau de Marlow, qu'il regarde à travers les yeux de Marlow alors qu'il s'enfonce de plus en plus profondément dans les recoins les plus sombres de la jungle et de l'âme humaine.
L'HORREUR !
L'HORREUR !
HEART
ARKNE
Tout est prêt, les story-boards, les accessoires, même l'affiche.
CONCEPT
Les graphistes ont assuré un max, hein ?
ORSON WELLES
HEART OF DARKNESS
Orson, on vous a largement laissé les coudées franches, mais ce film est hors budget, et de loin !
D'un autre côté, je m'attendais plus à une histoire d'amour...
C'en est une !
Marlow est amoureux d'une fille...
... et sa remontée du fleuve est une sacrée aventure.
SCENE 13 KURTZ
Il y a des cannibales, des fusillades, des bagarres, des danses indigènes, une fascinante femme noire...

Allez, quoi, George ! J'ai tout donné dans cette pré-production. Je ne pourrai plus jamais refaire un boulot pareil pour n'importe quel autre film !
KURTZ
Vous êtes encore jeune, et vous avez tellement de talent... Vous ferez plein de films. Mais pas celui-ci.
Vous devriez finir d'écrire ce scénario avec Mankiewicz. Je suis prêt à défendre le projet devant le conseil.
Mouais...
Et, Orson, rasez-moi cette foutue barbe, vous voulez bien ?
Cette barbe ? Vous savez que c'était pour le rôle de Kurtz.
Votre pilosité faciale nous donne une piètre image. Chaque dirigeant de studio, chaque critique ainsi que leurs belles-mères prennent ça pour une provocation intolérable.
KING KON
FAY WRAY ROBT. AR
BRUCE CABOT
EDGAR WALLACE

Oh, je vois. L'intellectuel barbu est le nouveau croquemitaine.
Je croyais que Hollywood était la capitale de la moustache !
Bon sang, vous pouvez vous balader dans la rue avec un crâne de zébu sur la tête tout en conduisant une carriole tirée par une paire de zèbres sans que personne ne vous remarque.
Les gens prennent VOTRE barbe comme une attaque personnelle, fiston.
C'est vraiment un drôle de patelin, George.
R-K-O RADIO PICTURES INC
Vous avez encore un tas de choses à apprendre sur cette ville, Orson.

J'espère que tout est à votre convenance, monsieur Welles ?
NO ADMITTANCE
THIS STAGE MUST BE KEPT LOCKED AT ALL TIMES
C'est le plus grand train électrique qu'un enfant puisse avoir !
Monsieur Welles, vous n'êtes pas n'importe quel enfant, vous êtes **UN ENFANT PRODIGE.**
Le studio mise gros sur vous.

Je me donne à fond. Et j'ai le meilleur chef opérateur de toute la corporation.
Non, non, tout le monde s'attend à quelque chose de grand !
Vous comprenez, monsieur Welles ?
Après tout, vous êtes un génie.
Alors, commencez à filmer ! Soyez un génie.

Le plus grand film de tous les temps

1940

SAMBA.
SAMBA.
Bonsoir, je suis Orson Welles.

Dès le début, on ne m'a vu que comme un jeune franc-tireur aux dents qui raclent le plancher...
Ce beatnik, ce mec avec une barbe qui allait tout faire bien, tout seul...
Ce petit parvenu, ce prétendu génie qui incarnait le futur inquiétant et dévastateur qui pendait au nez de cette ville...
Hollywood...

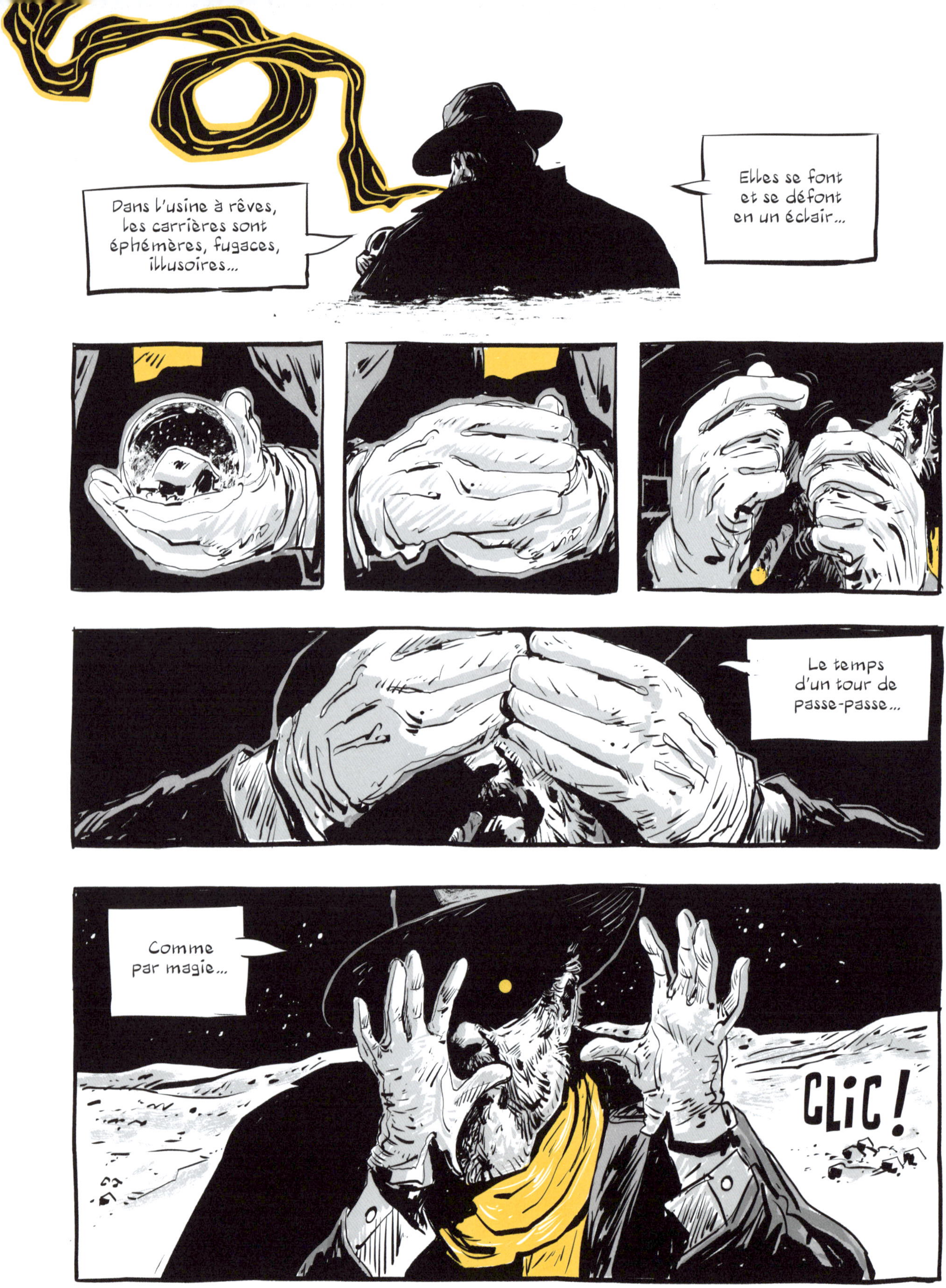
Dans l'usine à rêves, les carrières sont éphémères, fugaces, illusoires...
Elles se font et se défont en un éclair...
Le temps d'un tour de passe-passe...
Comme par magie...
CLIC !

KRRRRRRRR...

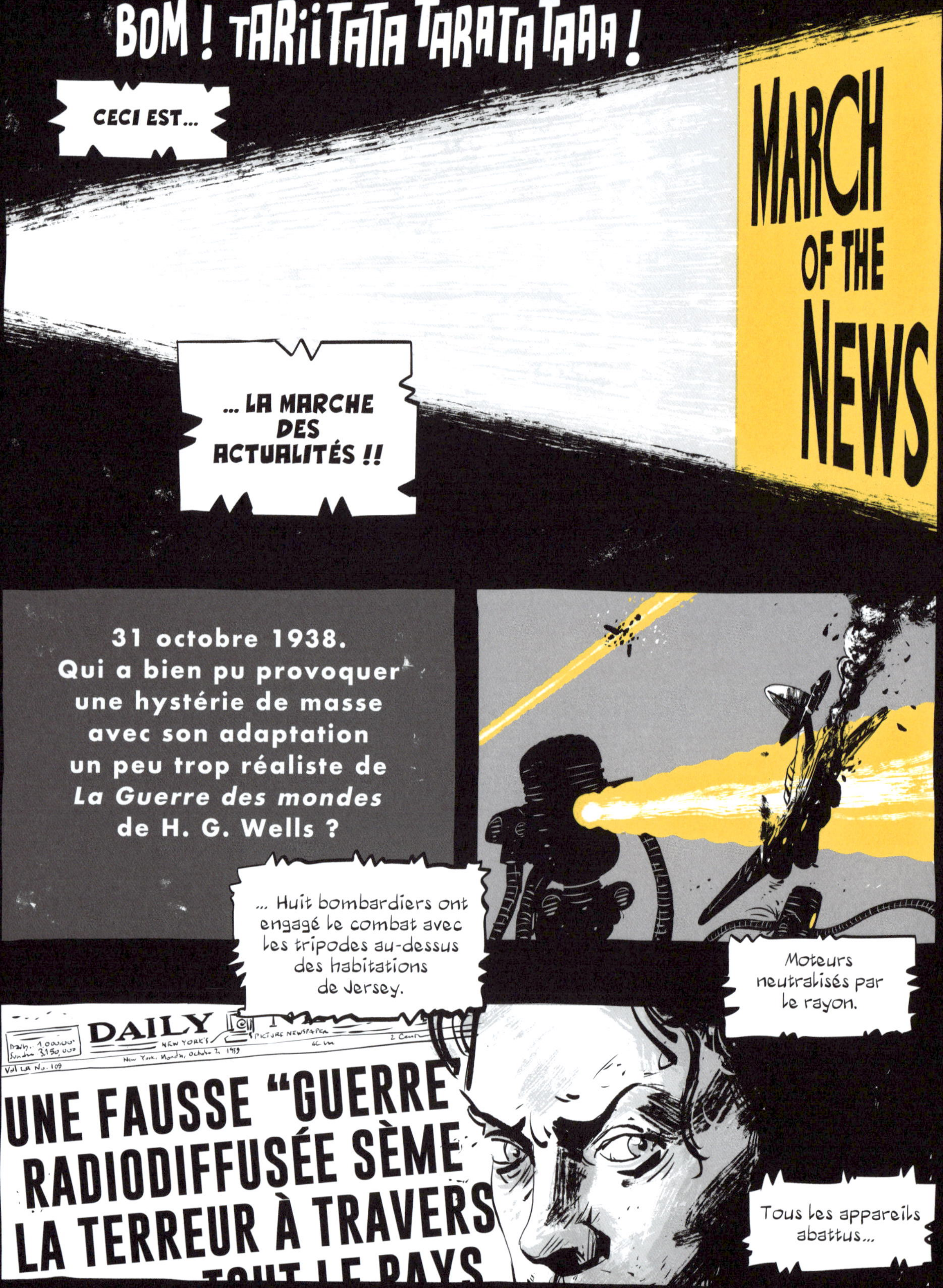
BOM ! TARIITATA TARATATAAA !
CECI EST...
MARCH OF THE NEWS
... LA MARCHE DES ACTUALITÉS !!
31 octobre 1938. Qui a bien pu provoquer une hystérie de masse avec son adaptation un peu trop réaliste de *La Guerre des mondes* de H. G. Wells ?
... Huit bombardiers ont engagé le combat avec les tripodes au-dessus des habitations de Jersey.
Moteurs neutralisés par le rayon.
DAILY
UNE FAUSSE “GUERRE RADIODIFFUSÉE SÈME LA TERREUR À TRAVERS TOUT LE PAYS
Tous les appareils abattus...

Qui est donc ce jeune homme à la voix caverneuse, parfaitement modulée ?
MUAHAHAHA !
QUI SAIT QUELS DÉMONS SONT TAPIS DANS LE CŒUR DES HOMMES ?
L'OMBRE SAIT !
MUHAHAHA !
Qui provoque en vous ces frissons qui vous parcourent le dos avec sa fameuse interprétation de Lamont Cranston, play-boy millionnaire le jour et redoutable justicier la nuit ?
... CET HOMME EST ORSON WELLES, L'ENFANT PRODIGE QUI NOUS VIENT DE KENOSHA DANS LE WISCONSIN.
Dessinateur, acteur, poète à seulement dix ans
Orson G. Welles
- Photo by De Longe
Un POETE, peintre, dessinateur, caricaturiste et acteur à même pas 10 ans, Orson G. Welles, un élève en quatrième année du primaire a l'école Washington, est déjà en train d'exciter la curiosité des plus grandes figures littéraires et artistiques du pays.
Aussi jeune qu'il soit, l'histoire d'Orson Welles avec le théâtre ne date pas d'aujourd'hui. À l'âge de trois ans, il a fait ses premiers pas sur les planches dans *Madame Butterfly*, l'opéra de Puccini.
À seize ans, ce surdoué partit seul peindre en Irlande avec seulement 500 dollars en poche, et traversa le pays sur une carriole tirée par un âne. Il finit par atterrir au Gate Theatre de Dublin, se fit passer pour une vedette de Broadway et décrocha son premier rôle professionnel dans *Le Juif Süss*.
On m'a applaudi bruyamment. Je ne m'y attendais pas.
Je n'ai jamais eu autant d'éloges pour tout ce que j'ai fait depuis.

* Le Projet de théâtre fédéral (FTP) était un programme du New Deal destiné à offrir des emplois aux professionnels de théâtre durant la Grande Dépression.

Sa création de *Faustus* était un génial mélange de théâtre élisabéthain et de théâtre moderne.
Et en 1937, sa surprenante adaptation du *Jules César* de Shakespeare confirma la réputation de la compagnie comme une machine à produire des succès d'avant-garde.
WPA Federal Theater Project -Presents
HORSE EATS HAT
MAXINE ELLIOTT'S THEATRE
109 WEST 39 th. ST.
WPA Federal Theatre Project 891 - Presents
NEW THEATRE AWARD 1936-1937
THE CRADLE WILL ROCK
BY MARC BLITZSTEIN
MAXINE ELLIOTT'S THEATRE
109 WEST 39TH STREET
MERCURY
PRESENTS
JULIUS CAESAR
THE SHOEMAKERS HOLIDAY
THE CRADLE WILL ROCK
BY MARC BLITZSTEIN
PRODUCTIONS BY ORSON WELLES
Transposée dans un régime totalitaire avec un César en dictateur fasciste, la pièce fut un triomphe critique et fut saluée comme une tentative réussie de renouveler le genre.
Mais Welles a toujours rêvé de cinéma, et il ne pouvait résister plus longtemps aux sirènes d'Hollywood...

À l'âge de vingt-quatre ans, Orson Welles signa un contrat extraordinaire avec le studio RKO, contrat qui lui permettait d'écrire, produire, réaliser trois films où il était également acteur, avec un contrôle total sur le *final cut* et tous les aspects de la production…
… ce qui était considéré à l'époque comme le contrat le plus avantageux jamais accordé à un nouveau venu à Hollywood.

Welles voulait créer un film qui romprait avec le modèle traditionnel hollywoodien. Il recruta le chevronné Herman Mankiewicz pour l'aider à développer le scénario de *Citizen Kane*.
It's TERRIFIC
ORSON WELLES CITIZEN KANE
ORSON WELLES CITIZEN KANE
RKO PALACE
Il y a eu plein de films et de romans qui obéissaient rigoureusement à la formule de la *success story*, des "histoires de réussite".
CITIZEN KAN
J'ai souhaité faire quelque chose de différent...
... J'ai souhaité faire un film qu'on pourrait qualifier de *failure story*, une "histoire d'échec".
BEEP
BIP
BEEP
BIP

BEEP BIP BEEP BIP
An RKO Picture
BIP BEEP BEEP BIP
BIP BEEP BIP
BEEP BIP BEEP
BEEP BEEP BEEP
ROSEBUD

Une histoire d'ubris, de pouvoir et de corruption, de mémoire et d'identité... d'amour et de trahison.
The Daily Chro
KANE
Une critique acerbe qui démontait le mythe du rêve américain et montrait à quel point cet idéal peut être corrompu par l'avidité et l'ambition, et comment, enfin, il peut mener à l'isolement et à la solitude.

Le personnage de fiction Charles Foster Kane était largement inspiré par le puissant magnat de la presse William Randolph Hearst. Le film a puisé abondamment dans sa vie personnelle et sa carrière.
Et je n'aime pas du tout ça.

Le film expose le train de vie somptuaire de Kane et sa folie des grandeurs est incarnée par Xanadu, une propriété immense qui ressemble drôlement au château que Hearst s'était fait construire à San Simeon en Californie.
Mais ce qui mit Hearst dans une colère noire, c'est le portrait peu flatteur de la seconde femme de Kane, une jeune chanteuse alcoolique qui s'inspirait un peu trop de la maîtresse de Hearst, la starlette devenue actrice Marion Davies.
The Daily Chronicle
EXTRA
LE CANDIDAT KANE SURPRIS AVEC SA BELLE "CHANTEUSE"
LE CHANTRE DE LA MORALE ET SON "ROSSIGNOL" APPRIVOISÉ
Piégé par son épouse, le magnat de la presse refuse de retirer sa candidature.
Kane entretenait une liaison avec Susan Alexander pendant qu'il prêchait les bonnes mœurs sur toutes les estrades du pays.
Accessoirement, Dorothy Comingore, l'actrice du film, et Marion Davies, son modèle, se ressemblaient comme deux gouttes d'eau.
EXTRA
Vermine rouge !

Les élus de la baie de San Francisco applaudiss
le discours de M. Hearst dénonçant le communi
TYRANNY OPPOSED
Outspoken Analysis of Soviet Rule Called Timely Warning
'KEYNOTE OF AMERICANISM'
EXPOSE SEEN SOVIET YULE AS BLOW TO CELEBRATED PROPAGANDA AMID SQUALOR
THE PRESIDENT'S MESSAGE
Longtemps avant la première de *Citizen Kane*, Hearst entama une série d'attaques brutales sur Welles dans ses journaux, qui commencèrent par boycotter toute publicité sur le film.
Il semble que vous n'aimiez pas mon film, monsieur Hearst. Je crois savoir que vous ne l'avez même pas vu.
Je sais ce que vous êtes : un communiste.
Si vous l'aviez vu, vous seriez d'accord avec moi pour reconnaître que ceux qui vous ont dit que "Kane" est Hearst ne nous ont rendu service ni à l'un ni à l'autre.
Et Hollywood n'est qu'un nid de gauchistes bourré d'immigrés et autres réfugiés qui piquent le boulot des vrais Américains.
It's Terrific!
CITIZEN WELLES VS CITIZEN HEARST
Allez ! Regardez le film. Il est pas mal.
Je vous démolirai, Welles.
JOSEPH COTTEN · DOROTHY COMINGORE · EVERETT SLOANE · RAY COLLINS · GEORGE COULOURIS
AGNES MOOREHEAD · PAUL STEWART · RUTH WARRICK · ERSKINE SANFORD · WILLIAM ALLAND
Voici ORSON WELLES Chroniqueur
Sur les planches, sur grand écran ou sur les ondes, Welles a toujours fait les unes des journaux. Maintenant, c'est lui qui les écrit en nous invitant à découvrir les plus fascinantes figures historiques. Retrouvez tous les jours son style unique qui conjugue à merveille l'érudition, le divertissement et le grand esprit. Lisez l'Almanach de Welles.
À PARTIR DE LUNDI 22 JANVIER
New York Post
55 West 42 Street, New York 18, N. Y.
Les canards de Hearst n'ont pas cessé de me traiter de communiste. Je ne suis pas communiste. Je suis fort content de notre forme constitutionnelle de gouvernement et je me réjouis de notre tradition démocratique américaine.
Expulsons les rouges
Révoquons la reconnaissance de la Russie Soviétique
THE fact that Communism—nurtured by Soviet Russia—is seeking to destroy the fr institutions of America is not to be denied.
Neither is the shameful fact to be denied that COMMUNISTS are supporting Franklin D. Roosevelt for re-election in 1936 IN ORDER TO BUILD A REVOLUTIONARY "PEOPLES FRONT" IN 1940.
Mr. Roosevelt has said that he repudiates this support.
But what has he done to prove that he repudiates it?
Russian Communism in America can be officially repudiated only by two courses of executive action:
1—By immediately deporting all alien communists, as the law requires; and
2—By immediately rescinding the recognition of Soviet Russia.

La colère de Hearst fut décuplée quand Welles joua dans une pièce radiophonique qu'il avait écrite et qui représentait tout ce que le magnat détestait et méprisait.
La Free Company présente...
SON HONNEUR, M. LE MAIRE
Par Orson Welles
Les opinions de Welles au sujet de la politique, du racisme, du communisme ou de la religion étaient au cœur de cette histoire sur la vie d'une petite bourgade du Texas. Les journaux de Hearst traitèrent l'œuvre de "propagande digne de Moscou".
Hearst orchestra une chasse aux sorcières communiste contre Welles. Peu de temps avant la sortie de *Citizen Kane*, le FBI ouvrit un dossier sur le réalisateur contenant une liste de ses liens avec des organisations censées être « à caractère communiste », de la League of American Writers au Foster Parents Plan for War Children, une organisation d'aide alimentaire pour les enfants dont la vie était perturbée par la guerre.
HUAC*
House Un-American Activities Commitee
La Légion Américaine sait que les émissions de la Free Company sont de nature subversive et d'inspiration communiste sous couvert de défense de la démocratie
AMERICAN LEGION
U.S
Personne ne peut plus nier que le théâtre est prostitué au communisme. C'est la raison même du Comité contre les activités anti-américaines.
L'administration fiscale peut calmer ce gamin avec un petit contrôle fiscal !
DEPARTMENT OF JUSTICE
FEDERAL BUREAU OF INVESTIGATION
FIDELITY BRAVERY INTEGRITY
Au FBI, nous possédons un ensemble de preuves accablantes qui nous font penser que *Citizen Kane* n'est rien d'autre qu'une énième campagne de diffamation orchestrée par le Parti communiste contre M. Hearst, un de ses plus courageux et féroces opposants dans le pays.
TREASURY
INTERNAL REVENUE SERVICE
* Comité de la Chambre des représentants pour les activités anti-américaines.

La sortie de *Citizen Kane* en 1941 suscita des réactions mitigées de la part du public et des critiques, et son succès commercial immédiat fut limité. En fait, la RKO essuya une perte de 150 000 dollars sur le film. Nommé pour neuf Oscars, *Citizen Kane* ne remporta que celui du meilleur scénario original ; celui du meilleur film alla à *Qu'elle était verte ma vallée*.
Welles entame la production de son deuxième film chez RKO : *La Splendeur des Amberson*, d'après l'œuvre de Booth Tarkington, prix Pulitzer du roman 1919.
ORSON WELLES'
MERCURY PRODUCTION OF BOOTH TARKINGTON'S GREAT NOVEL
THE MAGNIFICENT AMBERSONS
Des membres du Théâtre Mercury sont de l'aventure : Joseph Cotten, Agnes Moorehead et Ray Collins. La distribution comprend aussi Dolores Costello, Anne Baxter et Tim Holt, Welles prêtant sa voix au narrateur.
Le film raconte le déclin d'une famille bourgeoise du Midwest, et les bouleversements sociaux et économiques apportés par l'irruption de l'automobile.

The Daily Chronicle
EXTRA
LES USA DÉCLARENT LA GUERRE
LE CONGRÈS VEUT AGIR VITE APRÈS L'ATTAQUE JAPONAISE
3 000 MORTS ET BLESSÉS LORS DE L'ATTAQUE SUR HONOLULU
Avec la guerre qui fait rage en Europe et dans le Pacifique, Welles doit répondre à un autre appel, celui du devoir : une tournée diplomatique en Amérique du Sud.
Welles a été chargé d'effectuer cette tournée par Nelson Rockefeller, qui était alors coordinateur des affaires inter-américaines au sein du département d'État.
PERU
FORTALEZA
NATAL
RECIFE
SALVADOR
REPÚBLICA DOS ESTADOS UNIDOS DO BRASIL
FICHA CONSULAR DE QUALIFICAÇÃO
Esta ficha, expedida em duas vias, será entregue à Policia Maritima e à Imigração no pôrto de destino
Nome por extenso George Orson Welles
Admitido em território nacional em caráter temporário
Nos termos do art. 25 letra B do dec. n. 3.010 de 1938
Lugar e data de nascimento Kenosha, Wis. 6/5/1915.
Nacionalidade Americana Estado civil solteiro
Filiação (nome do Pai e da Mãe) Richard Head Welles e Beatrice Ives
Profissão Produtor Cinematográfico.
Residência no país de origem Los Angeles
FILHOS MENORES DE 18 ANOS
Passaporte n. 680116 expedido pelas autoridades de Depto. de Estado dos EE.UU. na data 13/3/1941
Consulado do Brasil em Los Angeles 5 de Fevereiro de 1942.
O CÔNSUL
Le but en était l'amélioration des relations entre les États-Unis et les pays du continent sud américain et la promotion des échanges culturels.
Je venais à peine de finir de tourner les *Amberson* et je ne l'avais pas encore monté. Je ne voulais pas faire ce truc. Je ne savais pas comment refuser.

Le projet était intitulé *It's All True**. Un des titres les plus ironiques de l'histoire. De mon histoire du moins. Le film était destiné à évoquer les aspects de la culture et de la société latino-américaines à travers quatre histoires.

* Littéralement : *Tout est vrai.*

« Quatre hommes sur un radeau » relate l'odyssée de quatre pauvres pêcheurs, des *jangadeiros*, qui ont effectué un long voyage sur un frêle esquif, une *jangada*, jusqu'à la capitale afin de présenter leurs doléances au président du Brésil Getúlio Vargas.
Le scénario ? Y en avait pas !
Vous n'avez pas forcément besoin d'un scénar', mais vous avez toujours besoin d'une bonne histoire.
Ils ont demandé à regarder les rushes. Et qu'est-ce qu'ils y ont vu ? Des Noirs, des tas de Noirs partout, et leur réaction a été la suivante : « Il est là-bas en train de filmer un tas de bamboulas qui sautent dans tous les sens. »

Mais qu'est-ce qu'il est en train de foutre là-bas ?
Filmer bobine sur bobine des quartiers pourris bourrés de gens de couleur.
Il est en train de claquer **NOTRE** pognon en prenant son pied avec des Noires au lieu de finir ce foutu film.
R·K·O RADIO
RKO
Pendant des mois, Orson Welles continua tant bien que mal de filmer « Quatre hommes sur un radeau » tout en tentant de superviser le montage des *Amberson* à distance.
Jacaré, le leader des quatres *jangadeiros*, périt noyé pendant le tournage de la reconstitution de leur odyssée. Un héros national qui a lutté pour les droits syndicaux et la retraite des pêcheurs brésiliens...
... tué par un film pétri de bonne volonté.

Pendant ce temps, à Hollywood, la situation de Welles continua de se détériorer très sérieusement.
WESTERN UNION
MR154 63 LD RKO STUDIOS = LA, CA. VIA MEXICO CITY
ORSON WELLES
NOUS DEVONS AVOIR UNE DISCUSSION À CŒUR OUVERT. VOUS DEVEZ PRODUIRE QUELQUE CHOSE DE COMMERCIAL. NOUS DEVONS LAISSER TOMBER LES FILMS "D'ART ET D'ESSAI" ET REVENIR SUR TERRE. ÉDUQUER LE PUBLIC COÛTE CHER, ET VOTRE PROCHAIN FILM DOIT ÊTRE TAILLÉ POUR LE BOX-OFFICE. DIEU SAIT QUE VOUS AVEZ TOUS LES DONS DU MONDE POUR ÉCRIRE, PRODUIRE, METTRE EN SCÈNE - "CITIZEN KANE" ET LES "AMBERSON" EN SONT LA PREUVE. NOUS DEVONS ORIENTER CES TALENTS DANS LA BONNE DIRECTION ET FAIRE UN FILM QUI RAPPORTE.
GEORGE SCHAEFER
THE COMPANY WILL APPRECIATE SUGGESTIONS FROM ITS PATRONS CONCERNING ITS SERVICE
Peu après ce télégramme désespéré, Welles fut congédié par RKO et son patron et dernier allié George Schaefer fut également remplacé à la tête du studio.
KING KONG
La RKO prit ensuite le contrôle de *La Splendeur des Amberson* et transforma le film de sorte qu'il soit, à leurs yeux, viable commercialement.
Le résultat final était radicalement différent de la vision originelle de Welles et, à sa sortie, le film fut un échec critique et commercial.
Ils ont tourné cette scène finale absolument minable sans me demander mon avis...
Des faux jetons, du premier au dernier. **TOUS DES TRAÎTRES !**

C'était un garçon tellement prometteur, mais bon, sa carrière n'aura été qu'un feu de paille.
Un génie de pacotille, rien de plus.
RKO
Welles ne fera plus aucun film pour mon studio.
Et je ne veux plus voir les gens du Mercury sur mes plateaux.
Vous êtes viré, Welles !
Viré de la RKO.
Viré de ce film.
VIRÉ D'HOLLYWOOD, MÊME !
Ils m'avaient dit qu'il était de mon devoir patriotique d'aller dépenser un million de dollars en filmant le carnaval de Rio. Et ensuite, ils se sont plaints que le film n'était pas assez "commercial".
Ne demandez pas ce que vous pouvez faire pour votre pays.
Demandez ce qu'il y a à dîner.

1946. Orson Welles met en scène une comédie musicale très attendue, et dans laquelle il est aussi acteur, adaptée du *Tour du monde en quatre-vingt jours* de Jules Verne.
ORSON WELLES
ARTHUR MARGETSON in
Around THE World
MUSIC AND LYRICS BY COLE PORTER
Pour cette coûteuse production, Welles réunit une distribution pléthorique et commanda décors et costumes somptueux ; sans compter l'utilisation innovante d'écrans de projection, de plateaux pivotants et même d'animaux vivants sur scène.
Mais bientôt, Welles fut à court de liquidités. Pour trouver les 55 000 dollars qui manquaient pour payer les costumes d'*Autour du monde*, il accepta de faire un petit film pour la Columbia avec son épouse d'alors, Rita Hayworth.
MUSICAL EXTRAVAGANZA
En vain. La comédie musicale, qui fut un vrai désastre financier, arrêta sa tournée après tout juste deux mois.
Tu ne peux pas transformer le plomb en or, Orson. Tu es un magicien, pas un alchimiste.
La magie ! C'est ce qui sépare les deux sexes.
Les hommes adorent ça parce qu'ils aiment ne pas savoir les trucs. Ça leur rappelle l'enfance.

Je sais que tu détestes la magie.
Comme toutes les femmes. Ça les irrite parce qu'elles n'aiment pas être trompées.
Je ne sais pas pour les autres, mais oui, je n'aime pas ça.
Rita...
... je ne te tromperai jamais. Pour rien au monde.
ORSON WELLES
The LADY from SHANGHAI
RITA HAYWORTH
BOM! TARIITATA TARATATAAA!

TARATATAAA !
THE END
MARCH OF THE NEWS
CLIC !
J'ai continué à bourlinguer à Hollywood pendant quelque temps après les *Amberson*. Mais j'étais grillé là-bas parce que, paraît-il, je m'étais entêté à terminer *It's All True*.
Je n'avais d'autre choix que de le finir. Je le devais aux *jangadeiros*. Je le devais à ce pauvre Jacaré. Je me le devais à moi-même.
Ça a été ça, le vrai tournant de ma carrière à Hollywood.
Après m'avoir viré, la RKO a sorti un nouveau slogan, imprimé sur le moindre bout de papier sorti du studio...
RKO STUDIOS INC.
780 GOWER STREET, LOS ANGELES, CALIF.
Radio PICTURES
REG U.S. PAT OFF.
Du grand spectacle plutôt que du génie.

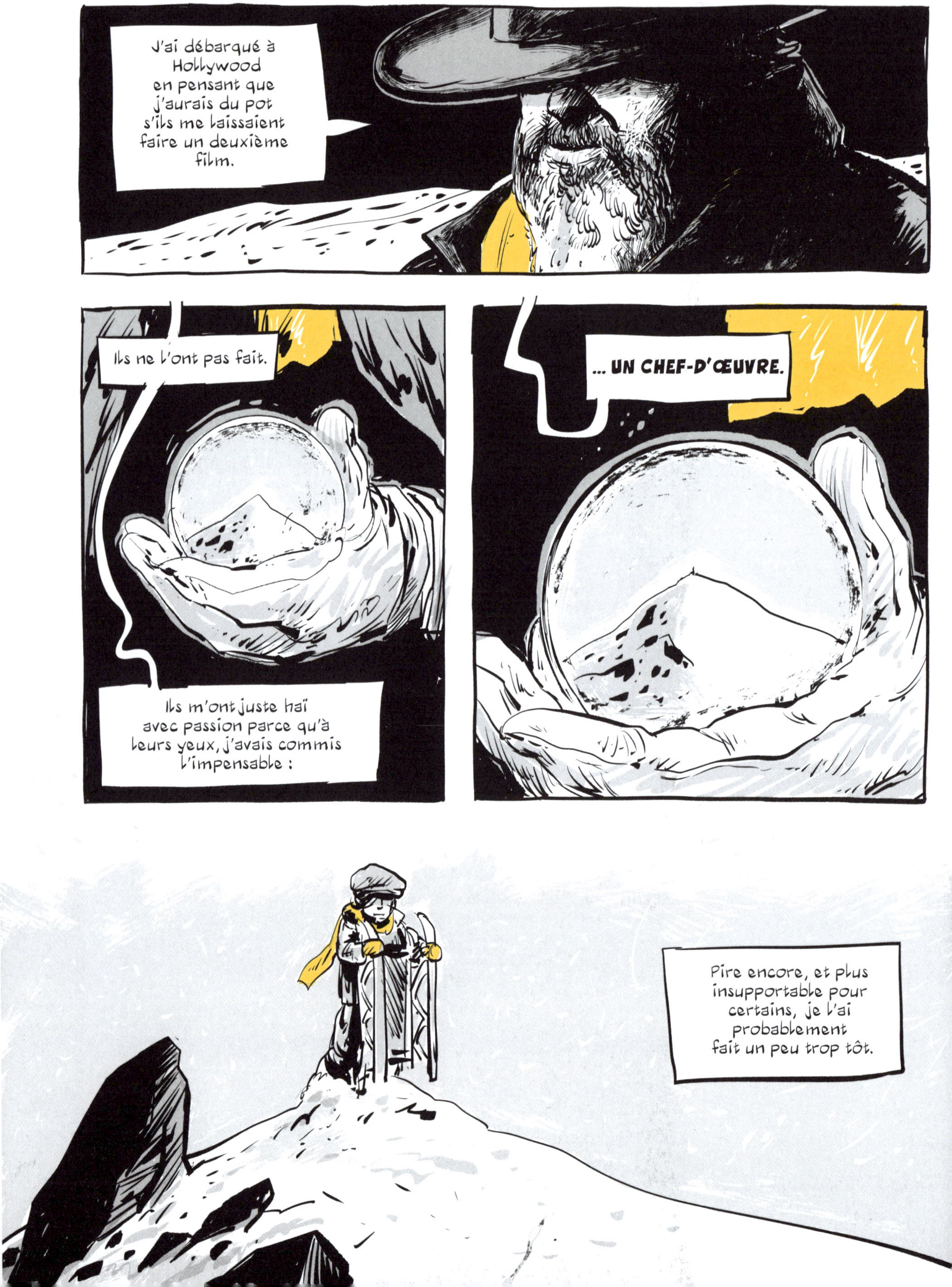
J'ai débarqué à Hollywood en pensant que j'aurais du pot s'ils me laissaient faire un deuxième film.
Ils ne l'ont pas fait.
Ils m'ont juste haï avec passion parce qu'à leurs yeux, j'avais commis l'impensable :
... UN CHEF-D'ŒUVRE.
Pire encore, et plus insupportable pour certains, je l'ai probablement fait un peu trop tôt.

Comme je dis toujours…
… j'ai commencé au sommet…
… et, depuis, je soigne gentiment ma dégringolade.
ORSON WELLES
It's TERRIFIC
ORSON WELLES CITIZEN KANE
ORSON WELLES CITIZEN KANE

Tu seras roi désormais

1947

INT. STUDIO REPUBLIC - NUIT

M. Yates était très très content de gagner beaucoup d'argent en produisant des westerns à la chaîne, je ne veux surtout pas qu'il regrette cette petite excursion dans le monde de LA CULTURE.
... Sans compter que le moindre dollar au-dessus du budget, c'est bibi qui paie.
MACBETH
C'est pour ça qu'on a dû répéter comme des malades avant de venir dans ce studio qui pue le pipi de cheval.
Je veux que vous jouiez comme si vous aviez DU SANG SUR LES MAINS...
Mais je veux surtout que ça aille vite...
... ET DU RYTHME !
DU RYTHME !
DU RYTHME !
Daddy ?

Oui, Darling Girl ?
Est-ce que je peux rentrer maintenant ?
Darling Girl, qui a insisté pour jouer dans ce film ? C'était bien toi, n'est-ce pas ?
Oui, dad...
Orson, tu veux vérifier le cadre ?
Une seconde, John. Il y a une jeune actrice que je dois **RECADRER** un peu...
Ce film est super important, c'est peut-être même le dernier que je fais ici.

Donc, tu attends qu'on finisse le dernier plan de la journée, comme tout le monde.
HOLLYWOOD
Tu es encore en train de lire ces bouquins sur Hollywood, hein ?
Et aussi sur toi et tes films et…
Sans parler de moi, quand je vois ce qu'ils ont fait à d'autres, je peux te dire que l'histoire de cet endroit ne sent vraiment pas très bon.
Je vais en Italie dans pas longtemps. J'imagine que tu sais où se trouve l'Italie, Darling Girl ?
Eh bien…
Si si, je t'assure ! Il existe tout un monde en dehors d'Hollywood. La géographie ne commence ni ne finit avec la Californie, tu sais ?
Pourquoi tu pars en Italie ?

Je vais jouer dans un film, je ne vais pas le mettre en scène. Mais si je veux continuer à travailler comme acteur, je dois aller là où il y a du boulot, tu sais...
Et ici, bientôt, personne ne voudra plus travailler avec moi.
Mais... pourquoi ?
Pourquoi ?
Je suis ingérable.
Pas fiable.
Dépensier.
C'est pas vrai, daddy.
REPUBLIC PICTURES
On s'est bien amusés, Darling Girl, tant que ça a duré...
...mais, pour moi, il est temps de passer à autre chose...
Tu peux y aller, mon poussin.

Tout le monde peut partir, on a fini pour aujourd'hui.
Les gosses d'Hollywood !
Ils se fichent pas mal de savoir comment on gagne sa vie dans ce foutu métier.
ET MERDE !

J'étais cramé, foutu, grillé, et pour un tas de raisons.
Et si je n'étais pas encore devenu un paria, mon inclusion dans Red Channels avait rendu la chose officielle.
Avoir son nom dans ce torchon réactionnaire équivalait à être sur une **LISTE NOIRE.**
Le Comité sur les activités anti-américaines en avait après moi long-temps avant que McCarthy ne com-mence sa chasse aux sorcières.
Red Channels
L'INFLUENCE COMMUNISTE A LA RADIO ET LA TÉLÉVISION
Une publication de
COUNTERATTACK
LE BULLETIN DES FAITS POUR COMBATTRE LE COMMUNISME
55 West 42 Street, New York 18, N. Y.
Ils ont tout essayé pour me planter...
les redressements fiscaux, le sabotage publicitaire et même des traquenards sexuels dans ma chambre d'hôtel...

Ils envoyaient souvent leurs voyous à mon bureau de Hollywood... Ils étaient particulièrement buté et incultes. Cons comme des balais...
Avez-vous la carte du Parti communiste, monsieur Welles ?
Définissez-moi d'abord ce qu'est un communiste.
Où voulez-vous en venir ?
Je veux juste vous donner une réponse honnête...
Contentez-vous de répondre à la question.
Un communiste croit qu'il doit donner tout ce qu'il gagne à l'État, n'est-ce pas ? Alors voici :
Je suis à quatre-vingt-six pour cent communiste... le reste est capitaliste...
... C'est l'impôt sur le revenu qu'on paie en Amérique.
Je répète une dernière fois : avez-vous oui ou non la carte du parti communiste, monsieur Welles ?

Depuis que j'étais môme, on me disait que j'allais faire de grandes choses.
ORSON
WELLES
MACBETH
JEANETTE NOLAN
On m'a dit aussi que l'enfant gâté que j'étais allait le payer un jour.

Adieu,
Hollywood.
REPUBLIC

EXT. ESSAOUIRA, MAROC - JOUR

J'aime beaucoup l'audace que vous mettez dans votre travail. Encore plus admirable, c'est que vous le fassiez avec une incroyable économie de moyens.
ORSON WELLES magnificent screening of
WILLIAM SHAKESPEARE'S immortal tragedy
A story of love and jealousy...
"Othello"
STARRING
ORSON WELLES
SUZANNE CLOUTIER
A MARCEAU Film Production
UNITED ARTISTS

EXT. RESTAURANT "MA MAISON" - NUIT

Rappelez-vous, Jake est devenu un de ces vieux dinosaures d'Hollywood. Il est obsédé par la star de son dernier film, ce jeune homme qui est, d'une certaine façon, ce qu'il a toujours rêvé d'être lui-même...
Jake a l'air de vachement vous ressembler, monsieur Welles.
Un réalisateur blacklisté qui retourne à Hollywood pour quémander de l'argent ? Peut-être bien... Mais IL N'EST PAS Orson Welles.
À propos, quand aurez-vous besoin des fonds ?
Le plus tôt possible, monsieur Fragoulis.
Hier !
IL Y A DES LUSTRES !
Monsieur Welles...
Je suis Gregor McGill...
Bien sûr que vous l'êtes.
Vous êtes un vrai génie, monsieur !
Soit je suis le génie qu'ils disent que je suis, soit je suis le type le plus nul au monde. C'est cinquante-cinquante.
MHA HAHAHAHA !

Je fais un papier sur *It's All True*...
Aussi connu sous le titre : *Quoi qu'il se soit passé au Brésil.*
Qu'est-ce qu'on peut raconter comme bobards à ce sujet !
Pourquoi vous vous faites chier avec ça ? C'est de l'histoire ancienne, tout ça.
C'était juste un mauvais scénar'...
Les gens... beaucoup voudraient bien voir ce film-là un jour.
Eh bien, ça n'arrivera peut-être pas et c'est tant pis.
Et là, j'essaie de dîner avec mon producteur, **VOUS POUVEZ LE VOIR, ÇA ?**
Navré... de vous avoir dérangé, monsieur Welles.
Une autre fois peut-être.
C'est ça, peut-être.
C'était un projet mort et enterré depuis 1942...
Cette affaire a littéralement détruit ma carrière à Hollywood.

Je vois ici que les Films de l'Astrophore ont déjà mis de grosses sommes dans le film...
Je ne demande pas beaucoup, le film est pratiquement achevé...
Plusieurs de mes films en tant que réalisateur ont non seulement été faits pour rien, mais **ILS M'ONT COÛTÉ DU POGNON.**
ساحة أورسن ويلز
PLACE ORSON WELLES
Donc, quelque part, je suis un réalisateur amateur...
... dans le sens où "amateur" vient de l'amour.

Le plus grand film amateur de tous les temps

1970-1976

EXT. VILLA - CAREFREE, ARIZONA - NUIT

Attends ! Orson, on en est à quelle page ?
En quoi est-ce si important, John ?
Eh bien, je veux savoir **À QUEL POINT** je suis censé être bourré ?
John, dis juste tes répliques ou oublie-les et dis ce qui te passe par la tête.
Ce qui importe, c'est le sens de la scène.
Je ne sais même pas de quoi parle ce foutu film.
Ça parle d'un enfoiré de metteur en scène...
Ça parle de nous, John.
DE NOUS !

Allez ! On y va !
DE L'AUTRE CÔTÉ DU VENT…
… SCÈNE 103, PRISE 1 !
OTHER WIND
G. GRAVER
SCENE
DATE 3-6-74
TAKE
103E
1
Et…

...ACTION !

Tu te souviens de ces Berbères... là-haut, dans l'Atlas ?
EASTMAN
Ils n'aimaient pas trop qu'on pointe la caméra sur eux...
Ils étaient persuadés que... ÇA ASSÉCHAIT quelque chose...
...L'œil séculaire, tu sais, derrière la boîte magique.
C'est en cela que ça aurait le mauvais œil... ... L'ŒIL DE LA MÉDUSE !
EASTMAN

Fiiz... zzz...
KILOWATTHOURS
CL200 240V 3W TYPE J4S 30TA 7.2Kh
Fizzzz !
CRACK !
CLIC !
ET MERDE, MERDE, MERDE !
GARYYYY !
On prend trop de jus, le disjoncteur de la maison n'a pas tenu...
Je sais, je sais, et qu'est-ce que tu vas y faire ?
Te bile pas, Orson, je m'en occupe.

JE DOIS COUCHER AVEC QUI POUR ME BARRER DE CE FOUTU TOURNAGE ?
Maintenant, faut que je tourne dans une autre pub pour payer ça.
TOI !
Oui, toi, avec le regard de lièvre hypnotisé par les phares...
Tu vas aller me chercher un gros générateur, et fissa...
Mais, monsieur Welles, il est minuit passé et il n'y a pas un magasin qui...
FISSA !

VA !
et que ça saute.
HU HU HU ! Tu sais que tu lui as foutu la trouille à ce gamin ??
Vas-y mollo avec l'équipe. C'est un petit tournage.
Qu'est-ce que tu veux ? On n'a plus de pognon.
Encore ?
On n'a pas le sens de l'argent tous les deux.
Pas faux.

Tu te rends compte ? Juste au moment où je me remettais un peu à flot, les impôts me tombent dessus.
Ta boîte de production suisse ?
Et maintenant, l'État de Californie me colle un redressement de 30 briques sur des revenus datant de 1958 !
Aïe !
Je dois à tout prix faire un film qui marche. À mon âge, je veux pouvoir dire que j'en ai fait au moins un comme ça.
T'en es à combien de longs métrages depuis qu'on a fait nos débuts tous les deux ?
Depuis 1941 ! Euh... Aucune idée...
Trente ! De vraies grosses productions ! **DES VRAIS FILMS.**
Et là, je suis en train de faire ce qui est censé être le film le plus important pour mon retour au bercail avec des bouts de ficelle.
Un film amateur.

Le plus beau jamais fait, alors.
Tu es **UN ARTISTE**, Orson. Un vrai de vrai.
La belle affaire !
Difficile d'imaginer une carrière aussi truffée de catastrophes que la mienne... Et mes soucis avec les producteurs iraniens vont la rendre encore plus cataclysmique.

Ils sont au bord de la révolution, là-bas.
Tu te doutes que je ne rate jamais les nouvelles du soir.
Carefree, Arizona !
Ce patelin va entrer dans l'Histoire.
Il va entrer nulle part. Cet endroit est juste un repaire de retraités qui croient que Reagan est communiste !

HA ! MHA HAHAHAHA !
Comment ce gamin peut avoir peur de moi ?
Parce que, Orson, tu es un gars imposant, t'as une sacrée voix, des avis bien arrêtés et un redoutable sens de l'humour.
Tu fais peur à un tas de gens.
Moi ?
Je suis un vrai sucre, vraiment. Quand on sait s'y prendre avec moi.
Mon cul...

Danse avec la mort

1954

INT. ALCAZAR DE SÉGOVIE - NUIT

CETTE PRODUCTION COMMENCE SÉRIEUSEMENT À ME TAPER SUR LES NERFS !
Est-ce que je dois montrer à ce cadreur comment il doit faire une contre-plongée ?
Mais, je...
Plus bas !
Quand je pense aux superbes cadreurs que j'ai eus sur les *Amberson* ou *Le Criminel* !
Descends-moi cette caméra ! Encore !
Oui, monsieur Welles...
Vas-y !

PLUS BAS !
¡VAMOS!

Dossier secret ! Prise 5B, plan 36 !
MR. ARKADIN
O-W
SCENE
5B
SOUND
SHOT
36

Et à présent, j'ai à vous parler d'un certain scorpion.
Ce scorpion voulait traverser une rivière, alors il demanda à la grenouille de le porter sur son dos...
ORSON WELLES CONFIDENTIAL REPORT

EXT. AÉROPORT DE MADRID-BARAJAS - JOUR

¡Mata lo!
AÑO 1929
PLAZA DE TOROS
Tu as vu ça ?
Je ne veux pas regarder.

Je ne peux pas.
Les picadors doivent faire ça pour baisser la tête du taureau, Darling Girl.
Un de mes meilleurs amis est le fameux torero Antonio Ordóñez, tu sais ?
Il aurait adoré cette bête.

Tolède ? C'est à combien d'ici ?
Pas très loin. On va aller voir une jolie petite église qui abrite ce que je considère comme une des plus belles œuvres du Greco.
Alors ? Comment tu as trouvé la corrida ?
J'ai essayé de regarder, mais le taureau m'a fait de la peine.
Et le matador ? Tu as eu de la peine pour le matador ?
Non. Il avait une épée. Il pouvait se défendre.
Et si jamais le taureau l'avait encorné, mon cœur ?

Et comment va ta maman ?
Elle va bien.
Et l'école ? Tu t'y plais bien ?
Ça peut aller.
La meilleure façon d'abîmer un esprit original est de le confier à une institution d'éducation supérieure.
J'ai un peu aimé l'école Todd, mais c'est tout.
Tu sais, quand j'avais ton âge, j'étais tellement déterminé à ne jamais mettre un pied à l'université que je suis parti en Irlande pour peindre, j'ai loué une charrette et un âne, et j'ai sillonné le pays avec mes pinceaux et mon chevalet.
Très vite, je me suis rendu compte que je n'étais pas un si bon peintre que cela !
HA HA HA HA !

Ce que j'essaie de te dire, c'est que le voyage est la meilleure éducation qu'on puisse avoir. Voyager et vivre à l'étranger.
Ces moulins à vent sont superbes, daddy.
Tu devrais lire *Don Quichotte*, Darling Girl. C'est un grand roman. Un des plus grands. Je rêve de l'adapter depuis toujours...
Je veux que mes cendres soient dispersées dans ce pays, peut-être à Ronda...
Mais tu ne vas pas mourir, daddy !
Quand est-ce que tu comptes retourner aux États-Unis ?

Pas de sitôt, ma fille.
Je ne demande qu'à travailler là-bas, tu sais ? Les techniciens sont tellement bons. C'est un rêve pour tout metteur en scène.
Mais non. Je suis content d'être en Europe.
Disons que je suis un travailleur immigré. Je vais là où il y a des fraises à cueillir.
J'étais heureux en Amérique, mais il se trouve que l'Amérique n'a jamais été aussi heureuse avec moi.
Ça a commencé avec ce film inachevé, *It's All True*...

... et ce n'était même pas vrai.

Cette fable de ma disparition en Amérique du Sud n'est qu'un autre mensonge, au mieux une demi-vérité... Et les demi-vérités sont les plus effroyables des mensonges.
Ça a commencé avec ça et c'est loin d'être fini.

Ils m'ont marqué,
Darling Girl...
TORO!

¡Es un manso!
... À ce jour, je sens encore le fer rouge **ME DÉVORER** les chairs...
HEY !

La brûlure est toujours aussi vive...

Le stigmate est encore fumant...
¡olé!
¡olé!
¡olé!
¡olé!

HUFF !
HUFF !
HUFF !

... Mais bien pire que la douleur est le goût amer de la TRAHISON !

¡Estocada!
¡Vamos!
¡Mata lo!

Ils m'ont bel et bien marqué, ma fille...
¡Recibiendo!
... ILS M'ONT MARQUÉ COMME UN VEAU.

Grillades
Entrecôte Grillée 7.95
Steak New-YORK served
with Ma Maison "pommes sautées"

INT. RESTAURANT "MA MAISON" - NUIT

Quoi ? Oui, Kane, Les Amberson... quoi d'autre...
WAF! WIF! WOF! WAF! WAF! WOF! WOF!
Attends une seconde.
LA FERME, KIKI !
Oui, c'était Kiki.
GROWL...
Oh, il est en rogne, comme souvent, mais là je trouve qu'il a bien raison d'avoir les glandes.
Non et non ! Le seul film inachevé que je veux projeter, c'est De l'autre côté du vent.
Pas de Deep, pas de Quichotte !
J'espère que c'est pas une idée à toi, ça ?
Oui, le discours est prêt. J'ai pas l'intention d'improviser. C'est trop important.
Ce film est trop important.
Je répète, pas de Deep, pas de Quichotte. Je ne suis pas un artiste maudit, c'est clair ça ?
Oui, Peter, merci.
Bye..
CLAMP !

Le méchant

1957

"Touch of Evil"

LA SOIF DU MAL

5 février 1957

PROPERTY OF
UNIVERSAL CITY STUD
RETURN TO
CENTRAL FILES

eg #124 - change 10/02/2022

001 INT. STUDIO - NUIT

PLAN MOYEN

ORSON WELLES se tient debout dans un endroit sombre du studio. Il mâchouille un cigare à moitié consumé, le regard face caméra.

WELLES

J'étais en exil en Europe depuis une bonne décennie et voilà que, chez Universal, ils me proposent un rôle dans un petit polar, du genre qu'ils produisaient depuis des lustres. J'allais être HANK QUINLAN, une sorte de flic marron. Si le mérite d'un policier se mesure au nombre d'inculpations obtenues, Quinlan est quelqu'un qui ressemble à un grand homme.

COPY
TO CENTRAL FILES

AUTRE ANGLE - SERRÉ

Welles continue de mâchouiller son cigare, le regard perdu dans le vide.

WELLES

Mais il est aussi un voyou raciste qui commet les crimes les plus odieux "au nom de la loi".

Une tonne de maquillage ne saurait suffire pour entrer dans un personnage... Ce que vous voulez faire, c'est tout le contraire, c'est vous mettre à nu et exposer au public cette part de vous-même qui correspond au rôle.

Dans chacun de nous, il y a un meurtrier, un lâche, un fasciste ; et il y a un saint dans chacun de nous aussi.

Je devais seulement jouer dans le film, il n'était pas question que je réalise, jusqu'à ce qu'ils envoient le scénar à mon pote Chuck Heston...

Eh ben c'est comme si Chuck avait suggéré que sa MÈRE fasse la mise en scène...

Chuck a dû dire clairement que je devais en être. Chez Universal, personne ne rêvait de me voir dans le fauteuil de réalisateur.

Je devais leur montrer que j'en avais encore sous la pédale,
ce que je pouvais faire d'un petit roman de gare.
Ce film de genre serait un film d'Orson Welles.
Je vais même réécrire le foutu scénar, tiens !
Orson est de retour au bercail.
Je ferais n'importe quel film si c'est avec Orson Welles.
Et j'allais le mettre en scène comme tous mes films indépendants.
Je ne sais pas faire autrement.
On attaque ce plan avec la grue.

La mise en scène est ce que je préfère dans le show business, mais c'est le métier le plus largement surcoté au monde.

Une belle toile n'est jamais l'œuvre d'un mauvais peintre, mais de bons films sont souvent signés par des metteurs en scène de la dernière incompétence.

Et puis la mise en scène n'est même pas un art. C'est au mieux un art pour une minute par jour. Cette minute est évidemment cruciale, mais bien trop rare dans une journée de tournage.

La notion de mise en scène au cinéma est une pure invention des critiques. Toute l'éloquence du cinéma est accomplie dans la salle de montage ; et c'est le seul endroit où on peut avoir quelque contrôle sur un film.

Ceci est une Moviola.

C'est une machine qui sert à monter un film,
et elle est presque aussi importante qu'une caméra.
Les films sont, au fond, des objets musicaux. Dans le mouvement d'une image à une autre, il y a une sorte de structure rythmique, du contrepoint, de l'harmonie et des dissonances.

La Moviola est un instrument de musique.

Je pourrais passer ma vie dans une salle de montage. Truffaut dit que je tourne en exhibitionniste, mais je monte en censeur...
Vous pouvez faire sauter celui-là.
Dommage, ce plan est vraiment pas mal, monsieur Welles.
Je sais.
C'est ce qui sépare les hommes des petits garçons : avoir le cran de bazarder SES PLUS BEAUX PLANS sans barguigner.
Comme vous voudrez, monsieur Welles.

Je voulais créer une vision de cauchemar, mais on n'y arrive pas seulement en faisant des gri-gris avec la caméra. Il faut parler le langage. Et la langue du film noir était morte depuis longtemps.

Ils ont trouvé le film trop noir, trop sombre et étrange. Un mystère. Il y a quelque chose qui m'échappe. Je ne sais pas ce que c'est et je ne le saurai probablement jamais.

Quoi qu'il en soit, les producteurs commençaient à s'impatienter.

Peut-être que j'ai révélé quelque chose qui leur fait peur, la même chose qui avait fait peur à William Randolph Hearst seize ans auparavant.

Bizarrement, ils se sont sentis comme insultés. Secoués et blessés, comme si je les avais emmenés dans une virée qui aurait mal tourné.

Oh, Chuck, tu aurais été un Don magnifique. Mon Don parfait.

Ton refus de composer avec les huiles d'Universal est suicidaire. Ce sont eux qui paient pour ce putain de film. Tout ce qu'ils veulent, c'est qu'il marche.
Je ne refuse pas de « composer » avec eux, Chuck...
... Je les méprise, voilà tout.
Peut-être que je SAIS qu'ils vont me piquer le film de la même façon et pour les mêmes raisons qu'ils m'ont piqué les "Amberson" avant de le massacrer.
À demain, Chuck...

Pourquoi ils me font ça ? Je ne le saurai jamais. Mais il y a une ombre qui flotte en permanence au-dessus de mon crâne, qui couve en moi. Et quand les choses tournent au vinaigre, elle me submerge. Une bien sale affaire.

Cela arrive à chaque fois que je travaille ici. C'est comme si quelqu'un est frappé par la foudre à chaque fois qu'il met le nez dehors.

Peut-être que tout est de ma faute.

Peut-être que je suis
une mauvaise graine.

PROPERTY OF
UNIVERSAL CITY STUDIOS
RETURN TO
CENTRAL FILES

eg #159 - change 12/06/2022

001 INT. PALIER - NUIT

AUTRE ANGLE - SERRÉ

L'équipe prépare la scène avec MARLENE DIETRICH.
Welles dévore une barre chocolatée. Le caméraman manipule
une Éclair 35 mm.

TANYA
Je ne t'avais pas reconnu.

QUINLAN
C'est le chocolat ou la gnôle, c'est selon.
Je dois avouer que j'aurais préféré prendre du bide en becquetant ton chili.

TANYA
T'es dans un sale état, chéri.

Qu'est-ce que tu croyais, Marlene ?

Le système ne pouvait faire autrement que d'avoir ma peau.
Tiens, tu connais la dernière ? Le studio vient de me virer.
Qui l'eût cru, hein ?

Je n'ai plus qu'à retourner en Europe.
Ils m'aiment bien là-bas, ils aiment le cinéma.

ANTHONY PERKINS
dans
LE PROCÈS
un film de
ORSON WELLES
avec
JEANNE MOREAU
ELSA MARTINELLI
et
ROMY SCHNEIDER
avec
ORSON WELLES
Et pendant que je serai sur mon prochain film, je vais devoir passer un temps fou à écrire une tonne de mémos pour tenter de sauver, si je peux, "La Soif du mal". Je ne veux pas que ça devienne un autre "produit" de grande consommation.

Orson, c'est tout bon pour le dernier plan.
5¢ Hollywood 1/8 POUND
Apporte-moi mes cigares et d'autres casse-dalles, Gus.

J'aime le cinéma, plus que jamais...

Mais ne vous y trompez pas... je déteste Hollywood.

Nous sommes tous Shakespeare

1965

EXT. DANS LES ENVIRONS D'ÁVILA, ESPAGNE - JOUR

Il a écrit avec des larmes et du sang...
... et de la bière, et ses mots marchent au rythme d'un cœur battant.
Il parle à chacun de nous et nous nous réclamons de lui, mais il est sage de se rappeler, si nous voulons bien le comprendre, qu'il n'est pas vraiment des nôtres, mais qu'il vient d'un autre monde...
... Un monde remarquable et fleuri qui sentait bon l'ancolie, la poudre et l'encre d'imprimerie.
Bien, bien, très bien...
COUPEZ !

* Le "barde d'Avon" était un des surnoms de Shakespeare.

EXACTEMENT ! Cite-moi une seule bonne performance d'acteur dans un film en couleur !
Tu exagères, Orson.
Le noir et blanc est ce qui sépare vraiment les hommes des petits garçons, parce que cela permet d'écarter tout élément de réalité.
Ventrebleu ! Nous étions bien bénis quand nous n'avions même pas le son ! Plus facile ! Un tracas en moins sur un tournage !
En tout cas, pour faire un film aussi bon marché, on doit rogner sur les coûts…
PRODUCTIO
… et puis encore rogner sur les rognements.
J'y suis tellement habitué, va.

Shakespeare parle une langue universelle, mais avec un accent élisabéthain.
Pour mieux connaître Shakespeare, on doit en savoir un peu plus sur l'Angleterre qui l'a vu naître.
Le pays était comme un enfant de la campagne qui se serait bruyamment et soudainement réveillé à son adolescence et qui se serait mis à courir avec déraison vers l'aube éclatante des Temps modernes.
Et moi-même, j'étais ce gamin que Shakespeare a éveillé au théâtre.
(CURTAIN)
À la tragédie !

INT. À LA TÊTE DE SANGLIER - NUIT

Oui, c'est un rôle de bon vivant, mais il ne faut pas se fier aux apparences.
Ça demande une certaine expérience...
Falstaff s'abandonne avec joie à tous ses appétits gargantuesques, pour la nourriture, le compagnonnage et les femmes.
Il ignore alors que son meilleur ami, le prince Hal devenu le roi Henri V, va le trahir.
Il me semble que, pour toi, la trahison est l'essence même de la tragédie.

Tu me connais bien, chère Jeanne, n'est-ce pas ?
J'essaie, Orson.
Les traîtres sont partout, autour de nous... Comme dans les tragédies de Shakespeare...
Il y a toujours un Judas tapi quelque part dans l'ombre de sa terrible prose...
EVERYBODY'S
Mmm... Falstaff est l'incarnation même de l'homme bon ...mmm... presque parfaitement honnête. Sa bonté sent le pain frais...
...elle est comme du vin.
Et cet homme si profondément bon n'a eu pour récompense que l'ingratitude et la trahison.

FALSTAFF

Mon roi !
mon Jupiter !
c'est à toi
que je parle,
mon cœur !

ROI

Je ne te connais pas,
vieillard : va dire tes
prières ; comme des cheveux
blancs conviennent mal à un
bouffon et à un farceur !

J'ai longtemps rêvé
d'une espèce d'homme
comme toi, aussi gonflé
de graisse, aussi sonore,
aussi libertin.

ROI

mais maintenant que
je suis réveillé,
je méprise mon rêve.

COUPEZ !
ELLE EST BONNE !
Une autre.
LE PATRON EN DEMANDE UNE AUTRE !
Un jour, je ferai le film shakespearien par excellence...
King Lear...
C'est le chef-d'œuvre parmi les chefs-d'œuvre. Tout est là ! La perte de toute forme de pouvoir est ce qui est le plus insupportable quand survient le grand âge...
Le vieil homme fort, le chef de clan, de la ville, de l'église, de l'État, du parti ou de l'entreprise...

Cet homme exige qu'on l'aime comme un satrape exige son tribut...
... mais une fois destitué, comme Lear, l'amour, il devra le quémander COMME UN MENDIANT.
OW

CLING !
Buvons alors à Shakespeare...
... à ses bouffons et à ses rois !
MHA HAHAHAHA !
Pour moi, tu es un roi, Orson...
Un magnifique roi déchu...
... Non pas que tu aies jamais été détrôné, non. Tu vois, sur cette terre, en ce bas monde...
Mon nez !
... il n'y a pas de royaume assez grand pour Orson Welles.
Gaffe à mon nez, Jeanne !
Orson Welles
FALSTAFF
Margaret Mulherford
Jeanne Moreau

Si le vin de Xérès sucré est un défaut, que Dieu protège le misérable ! Si être vieux et d'humeur gaie est un péché, alors plus d'un vieux compère que je connais est damné.

UNIUS.J
ANNAFORD
ORSON WELLES
Vérités et Mensonges
starring Orson Welles
Oja Kodar
Elmyr de Hory
Clifford Irving
François Reichenb

INTERCINE UNIVERSAL
PROIEZIONE
OTTICO 1
OTTICO 2
DIASCOPIA
LAMPADA
TIC!
PROD
OTHER WIND
G. GRAVER
DATE
SCENE
TAKE
183E
3

PLAN MANQUANT

Écoute, gamin.
Écoute...

Et si être gras
est être haïssable,
alors les vaches maigres
de Pharaon sont aimables.

Non, mon bon Seigneur ;
bannissez Peto, bannissez
Bardolph, bannissez Poins ;
mais quant au doux Jack Falstaff,
au cher Jack Falstaff,
au véridique Jack Falstaff,
au vaillant Jack Falstaff,
qui est d'autant plus vaillant
qu'il est le vieux Jack Falstaff,

ne le bannis pas de la compagnie
de ton Henri, ne le bannis pas de
la compagnie de ton Henri :
bannir le gros Jack, c'est bannir
pour moi le monde entier.

CLIC !
... shington, ce matin, le président a rencontré le shah d'Iran pendant une heure...
...Le président a indiqué que la visite du shah a été très positive et qu'elle a contribué à consolider l'amitié qui lie nos deux nations...
... malgré l'imposition de la loi martiale, le gouvernement du shah semble déterminé à accélérer le train des réformes...

MUNCH MUNCH
... À Téhéran, le nombre de tués depuis le début du mois est estimé à plus d'une centaine...
CHOMP CHAMP
MUNCH MUNCH
CHOMP CHAMP
... mais certains manifestants affirment que le nombre de morts dépasse les sept mille...
Plusieurs raffineries sont entrées en grève depuis une semaine, ce qui a mis à l'arrêt les exportations du pétrole iranien...
GORGL GORGL GORG !
BURRRPA !
Dans les universités de Téhéran, les étudiant manifestent au cri de "Mort au shah !" et prêtent allégeance au mouvement des ayatollahs...
MORT AU SHAH !
MORT AU SHAH !
MORT AU SHAH !
MORT AU SHAH !

MORT AU SHAH !
MORT AU SHAH !
MIXOM
Macbeth
K
Ne bougez pas, nous revenons tout de suite après cette courte page de publicités...
PRODUCTION
USSR
HAMLET

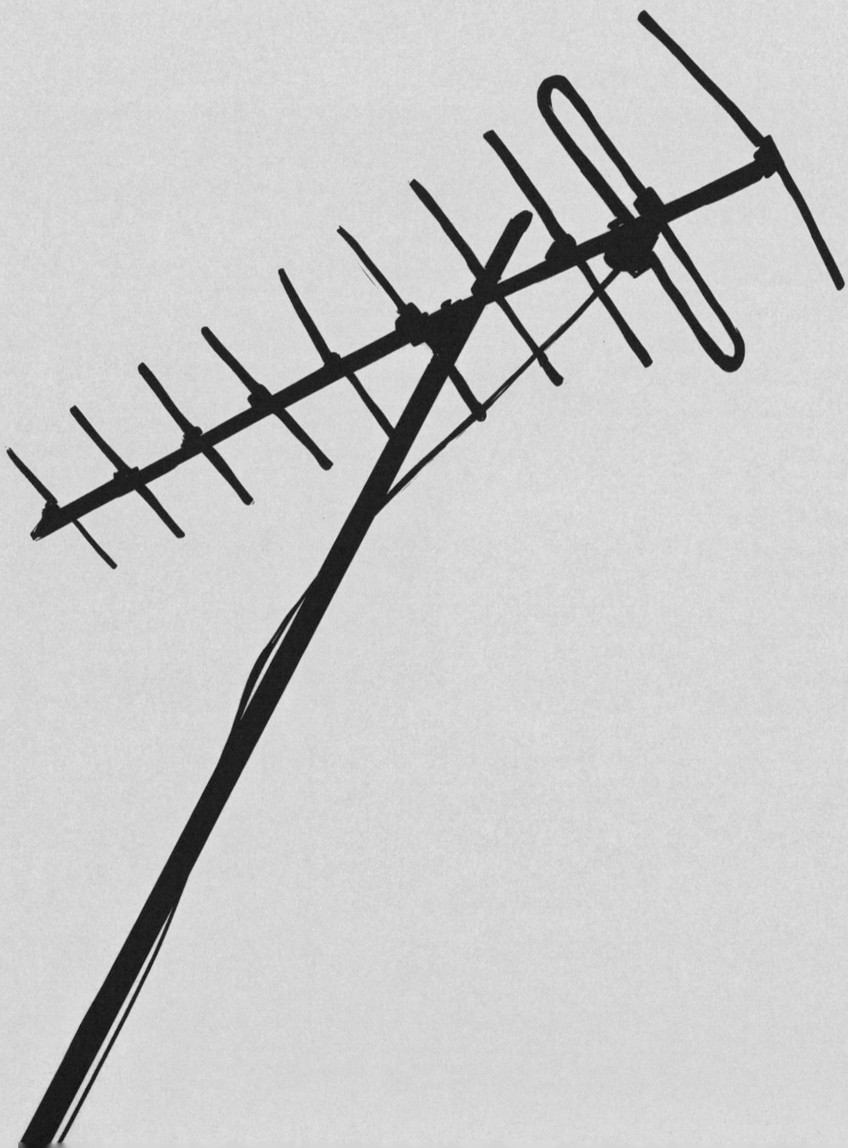

L'ours dansant

1975

Le marchand de Venise
Bonjour, je suis Orson Welles…
"Choses convoitées une fois obtenues, tout finit là. L'âme du plaisir est dans la recherche elle-même."
En tant qu'acteur et metteur en scène, conquérir le public est formidable, mais la vraie exaltation vient de l'effort consenti sur le chemin du succès…
GULP!
C'est peut-être ce qui décrit le mieux la façon dont ce whisky a été fait…
John Doe Whisky, un whisky qui a du vécu…
TA TI TARAA TA TI TA TAA
Beethoven a mis quatre ans pour écrire cette symphonie…

... Certaines choses ne doivent pas être précipitées, la musique et le bon vin...
... C'est magique, seulement, il ne s'agit pas de magie...
... quand vous achetez un copieur Kimoto, vous achetez aussi la pointe de la technologie laser...
Hello, je suis Orson Welles.
Je réalise des films et le but est de faire un film impeccable...
... Dans mon métier, ce n'est jamais qu'un souhait...
... mais avec Y&D, vous avez un scotch... impeccable !
Shakespeare a dit que nous savons ce que nous sommes, mais ne savons point notre devenir...
... Beaucoup de temps et d'attention sont nécessaires pour créer une pièce de théâtre... tout comme il en faut pour faire un bon vin...
KIMO

Cet incroyable jeu de société m'a transporté dans un autre monde...
Votre choix numéro un !
Le meilleur rapport qualité-prix !
C'est cela, un vrai whisky !
Si vous voulez une belle image, vous ne pouvez pas vous passer de cet appareil...
Que ce petit flambeau jette loin ses rayons ! Shakespeare aurait pu dire cela s'il avait vu cette belle pièce d'ingénierie...
... n'attendez plus, vous pouvez avoir le câble dès maintenant...
... le bourbon qui nous a enchantés depuis plus d'un siècle...
Jamais une bière n'a été meilleure !
AAAAAH ! Le Champagne Français !
Le goût du champagne français a toujours été plébiscité pour son excellence...

... il y a un champagne de Californie fait par Pierre Bresson qui s'inspire de la même excellence...
... et, comme les meilleurs champagnes français, il est millésimé...
ÇA ?
C'est pour ÇA et seulement ça que tu es connu désormais ?
... le goût exquis d'un Pierre Bresson ne devrait plus vous surprendre...
En réalité, c'est à peu près TOUT ce que tu fais désormais...
LE TAPIN !

AAAAAH! Le Champagne Français!
AIRLINES
Kimoto
AAAAAH ! Le Champagne Français !

AHAAAAH !
AHAAAAH !
AAAAAH ! Le Champagne Français !
MHAAAA ! Le Champagne Français !
AAAAAH ! Le Champagne Français !

INT. RESTAURANT "MA MAISON" - NUIT

Alors, je vois que vous devez encore payer la facture de location des caméras...
Mon Dieu ! Vous avez besoin d'autant de caméras ?
D'accord. La facture restau est énorme, dites donc !
Bla bla bla bla bla bla bla bla bla bla bla bla bla bla bla bla bla bla bla...
Bien, 30 000 balles plus 50 000... Il y a un truc que je ne pige pas, là...
Bla bla bla bla bla bla 2000 dollars par-ci, 2000 par-là, ben oui... Bla bla bla...
Bla bla bla bla bla bla bla bla bla bla bla bla bla bla bla bla bla bla bla...
Vous êtes détendu...
Oh, et il y a quelque chose que j'arrive pas à saisir... bal bla bla... avec l'argent des Iraniens bla bla bla...
Je vous demande pardon ?
Vous êtes **TRÈS** détendu...
Je vais compter jusqu'à trois et à trois vous serez complètement endormi...

Endormi, mais dans un état de conscience supérieur !
Un…
Deux…
… TROIS !
Un état de PERCEPTION UNIQUE !
À présent, vous SAVEZ !
Vous savez que c'est peut-être le film LE PLUS IMPORTANT DE TOUTE MA CARRIÈRE !
Ne pensez plus…
Faites CE QUE JE VOUS DIS…

DONNEZ-MOI
L'ARGEEENT !

INT. HOTEL CENTURY PLAZA - NUIT

Un rebelle choisit sa voie, mais cela ne veut pas dire que c'est la seule voie ni même que c'est la meilleure voie, c'est seulement la sienne.
AFI
ORSON WELLES 1975
C'est juste que certaines de mes nécessités sont différentes des vôtres.
Comme metteur en scène, par exemple, je me paie avec mes cachets d'acteur...
... J'utilise mon travail pour financer mon propre travail. En d'autres termes...
... je suis cinglé.

Bonsoir, je suis Orson Welles.
Connaissez-vous les photos d'exploitation ?
Elles étaient mises là pour exciter votre curiosité, pour vous hypnotiser et vous inciter à acheter un ticket sur-le-champ.
Vous savez, ces photos qu'on mettait dans le hall du ciné…
C'est ça, la magie du cinéma.
Choisissez une carte, n'importe laquelle…
WELLES · MILIAN
TEPEPA
LA DÉCADE PRODIGIEUSE
MAN IN THE S
JEFF CHANDLER · ORSON WELLES · COLLEEN
LAFAYETTE
DAVID GOLIATH
ALL NEW!
FERRY to HONG KONG
CHAMPS UM ROM

Personne au monde n'a joué dans de pires films que votre serviteur.
PRINCE OF FOXES
TYRONE POWER · ORSON WELLES · WANDA HENDRIX
ORSON WELLES
JOURNEY INTO FEAR
JOSEPH COTTEN · DOLORES DEL RIO · RUTH WARRICK
ORSON WELLES
Copyright 1942 RKO Radio Pictures Inc. Country of Origin U.S.A.
ORSON WELLES
NANCY GUILD
AKIM TAMIROFF
VALENTINE CORTESE
FRANK LATIMORE
MARGOT GRAHAME
BLACK MAGIC
THE BIGGEST PICTURE IN TEN YEARS!..
Ils m'appellent quand ils ont un bon petit navet, ma présence lui donne tout de suite une touche de classe.
te a Roma
iù atteso!
RSON WELLES
VIVIANE ROMANCE
ESTIA e la VIRTU
TROUBLE IN THE GLEN
INTERNATIONAL PICTURES presents
Claudette Colbert
Orson Welles
George Brent
TOMORROW IS FOREVER
ARGUMENTO Y GUION: GRAHAM GREENE
The Black Rose
Color by TECHNICOLOR
TYRONE POWER ORSON WELLES
Souvent, on me pose ce genre de question : "Pourquoi tu as joué dans ce truc ?"
Pour l'argent !
C'te question !

Et celui-ci aussi, je l'ai fait pour le pèze.
20. JERRY WALD'S production of WILLIAM FAULKNER'S
The Long, Hot Summer
PAUL NEWMAN - JOANNE WOODWARD - ANTHONY FRANCIOSA - ORSON WELLES
COLOR by DE LUXE
CINEMASCOPE
Directed by MARTIN RITT
Screenplay by IRVING RAVETCH and HARRIET FRANK Jr
Celui-là ? Ben pour la caillasse.
STARRING
ORSON WELLES
JOHN GREGSON
ELIZABETH SELLARS
"THREE CASES OF MURDER"
La maille !
The Firebrand who helped forge a nation... with his courage... and his sword!
LAFAYETTE
Celui-ci ? J'allais pas cracher sur les pépettes.
KAMPF UM ROM
1. TEIL
Les biftons, tiens !

Ah oui, celui-ci, c'était pour le grisbi, voyons !
Alors oui, ces deux-là aussi, pour l'artiche, mais alors j'y avais la tête de Werner Krauss dans *Le Cabinet du docteur Caligari* !
FROM THE RIV TO ROME THE INTRIGUE SPIN A DEADLY WEE THAT THREATE THE WORLD!
GEORGE PEPPARD INGER STEVENS ORSON WELLES
"HOUSE OF CARDS"
TECHNICOLOR
KEITH MICHELL
SI VERSAILLES M'ÉTAIT CONTÉ
C.L.M.
DARRYL F. ZANUCK
CRACK IN THE MIRROR
CINEMASCOPE
ORSON WELLES · JULIETTE GRECO · BRADFORD DILLMAN
DARRYL F. ZANUCK · RICHARD FLEISCHER · MARK CANFIELD · MARCEL HAEDRICH
JEFF CHANDLER · ORSON WELLES · COLLEEN MILLER
"MAN IN THE SHADOW"
CINEMASCOPE
DARRYL F. ZANUCK'S
THE ROOTS OF HEAVEN
JOHN HUSTON
Le flouse, hé hé.
Celui-là, il ne fait pas exception. C'était le genre de truc qui arrive à un type qui se retrouve dans le mauvais pays et coincé avec la mauvaise gonzesse.
Voici ce que je veux comme épitaphe : "Il n'a jamais tourné dans *La croisière s'amuse*".

J'ai fait un tas de navets, des séries Z horriblement écrites et filmées avec les pieds, j'y ai utilisé tellement de faux nez que je me retrouve à court de blases...
CATCH-22
COLUMBIA PICTURES presents
FRED ZINNEMANN'S FILM OF
A MAN FOR ALL SEASONS
ROBERT BOLT
WENDY HILLER · LEO McKERN · ROBERT SHAW
ORSON WELLES · SUSANNAH YORK
PAUL SCOFIELD
'THE TARTARS'
M.G.M presents
ALL NEW!
NEVER BEFORE SEEN ON ANY SCREEN!
ORSON WELLES
DAVID AND GOLIATH
Et j'ai dû bosser partout, là où il y avait du boulot, aux quatre coins de la Terre, que je me retrouve à court de pays !

LE MARIN DE GIBRALTAR
ORSON WELLES · TOMAS MILIAN
TEPEPA
THERE IS NO EQUAL TO THIS CHRONICLE OF RAW COURAGE AND STUBBORN SAVAGERY!
BATTLE of NERETVA
YUL BRYNNER · SERGEI BONDARCUK
CURT JURGENS · SILVA KOSCINA
HARDY KRUGER · FRANCO NERO · ORSON WELLES
Un petit nez comme le mien est très bien pour la vie de tous les jours, mais pour un usage dramatique, il m'est absolument insupportable !
CURT JURGENS · ORSON WELLES · SYLVIA SYMS
A LEWIS GILBERT PRODUCTION
FERRY to HONG KONG
CINEMASCOPE COLOR by DE LUXE
LA DECADE PRODIGIEUSE
Brando aussi était très lourdement maquillé en Don Corleone.
J'aurais vendu mon âme au diable pour être dans *le Parrain*, mais les hipsters barbus du "Nouvel Hollywood" continuent de m'ignorer.
Petits ingrats !

J'aurais mieux fait si j'avais laissé tomber le cinoche tout de suite : rester dans le théâtre, me lancer dans la politique, écrire des romans... qu'importe !
TONY CURTIS ORSON WELLES & ERIK ESTRADA
Donald Pleasence Ron Moody
Cassandra Domenica Peter Lawford
Where is Parsifal?
Je devais garder mon indépendance, mais tout l'argent du monde n'en vaut pas la peine.
PARIS BRÛLE-T-IL ?
IS PARIS BURNING ?
CHARLES K. FELDMAN
presents
CASINO ROYALE
PETER SELLERS
URSULA ANDRESS
DAVID NIVEN
WOODY ALLEN
JOANNA PETTET
ORSON WELLES
DALIAH LAVI
DEBORAH KERR
WILLIAM HOLDEN
CHARLES BOYER
JEAN PAUL BELMONDO
GEORGE RAFT
JOHN HUSTON
TERENCE COOPER
BARBARA BOUCHET
GABRIELLA LICUDI
TRACY REED
TRACEY CRISP
KURT KASZNAR
ELAINE TAYLOR
ANGELA SCOULAR
plus a Bondwagon full of the most beautiful and talented girls you ever saw!
JAMES BOND 007
CASINO ROYALE
THE BATTLE THAT CHANGED THE FACE OF THE WORLD.
WATERLOO

ORSON WELLES as "Long John Silver."
TREASURE ISLAND
ORSON WELLES
Tom Smothers
John Astin
ORSON WELLES
MALPERTUIS
MICHEL BOUQUET MATHIEU CARRIERE
JEAN-PIERRE CASSEL UN FILM DE HARRY KUMEL
UNE SELECTION J. SANTOS
Les talk-shows indigents et les pubs à la con.
J'ai dépensé des tonnes d'énergie dans des choses qui n'ont rien à voir avec le cinéma, avec faire des films.
Je veux dire mes films, avec mes histoires, mon écriture, mon montage.
C'est à peu près deux pour cent cinéma et quatre-vingt-dix-huit pour cent **RACOLAGE.**
C'est vraiment pas une vie.

Levons nos verres et buvons ensemble à ce qui compte le plus finalement, à ce métier de dingue, mais tellement cher à notre cœur.
Au cinéma ! AU BON CINÉMA, DE QUELQUE GENRE QU'IL SOIT !
Je vous laisse à nouveau regarder quelques extraits de mon nouveau film, encore en chantier, DE L'AUTRE CÔTÉ DU VENT…

Est-ce qu'ils t'aiment encore ?
CLAP CLAP CLAP CLAP CLAP
Pourquoi lui ? Ce mec a fait un seul film !
Hé, il faut croire qu'il a encore des amis à Hollywood.
Ce fils de pute ne mérite pas ces honneurs...
Welles n'a pas d'amis, seulement des larbins.
Il veut qu'on finance son film, qu'on lui file du pognon, c'est ça ?
Ça m'en a tout l'air.
Il peut rêver.

EXT. CAREFREE, ARIZONA - NUIT
JAKE
Qui sait ? Peut-être qu'on peut fixer quelque chose un peu trop fort, hein ? En épuiser la vertu, en aspirer l'essence. On vise ces jolis endroits, et ces jolies personnes, toutes ces filles, tous ces garçons - On vise pour tuer.
PAW !
CLAC

PAW !
CLAC
PAW !
CLAC
PAW !
VAS-Y, JOHN !
DÉGOMME-LES !
CLAC
KAPOW !

DÉGOMME-LES JUSQU'AU DERNIER !
PAW !
PAW !
Tu sais quoi, Orson, j'arrive toujours pas à saisir l'intrigue de ce film...
Qui peut bien avoir besoin d'une intrigue, Ed ? Ce que tu as là, c'est une bonne histoire.

PAW !
De bonnes histoires, comme celles qu'on faisait à Hollywood.
Ah ! C'était le bon temps ! On tournait des films et on baisait toute la nuit !
KAPOW !
Oublie l'âge d'or, Edmond. Nous vivons désormais à l'ère **D'EASY RIDER**, autrement dit...
... LE MIROIR AUX ALOUETTES !
PAW !

HOLLYWOOD
HOLLY
MELROSE AVE.
→7600 W.
Rosebud
VIDEO

INT. RESTAURANT "MA MAISON" - NUIT

Combien de fois j'ai imaginé la scène où Huston dit la réplique : « Écoute, gamin. Écoute... »
C'est ma meilleure histoire.
Ça touche une corde sensible ça, hein ?
Oh que oui !
Tu n'es pas en train d'enregistrer, là ?
Non. Plus de bande.
Grâce au ciel !
J'étais bien naïf.
J'ai cru qu'ils allaient faire la queue et me supplier de prendre leur pognon.
WELLES
SIDE 1
Quel con !
Allez, hop ! Debout, Kiki !

J'ai une envie pressante de tomber quelques pages, cette nuit.
Je comprends.
PICARD
PICAR
Bonne fin de soirée, Peter.
À toi aussi, Orson.
Il y a quelque chose que j'ai toujours trouvé insupportable dans l'écriture.
Ah oui ? C'est quoi ?
Tu sais, c'est ce silence terrible qui s'installe juste après que tu as fini un chapitre...
... et la machine à écrire qui **N'ÉCLATE PAS EN APPLAUDISSEMENTS.**
MHA HAHAHAHA !
Bonne nuit, Orson.
'nuit, monsieur Welles.
Bonne nuit, Patrick.
À demain.
PICARD
Ma Maison
PICARD

D'accord. Tu veux te dégourdir les jambes ?
FLIP DISCOUNT WAREHOUSE
FLIP
Sois sage, hein ?
Je dois **RÉFLÉCHIR !**

FLASH FOOT MELROSE
MESA GEAR

MUAAAHA HAHAHAHAHA !

GROOO
WAF !
WOF WOF !
WIF WAF !
WAF !
QU'EST-CE QUE... ?
WARF
GROOWL !
WOF
QUI SAIT QUELS DÉMONS SONT TAPIS DANS LE CŒUR DES HOMMES ?
L'OMBRE SAIT !
MUAHA HAHA !
Je me suis bien amusé avec ce programme. C'était marrant, la radio, ça me manque, tiens...
Arrête de me suivre.
Les ombres commencent à parler, maintenant.
Dans CE MONDE-CI, oui...

Eh bien, voyez-vous ça…
Alors ?…
… Comment il se présente, ce grand retour ?
Qu'est-ce que tu veux dire ?

Je veux dire le foutu film sur lequel tu bosses depuis des années...
DE L'AUTRE CÔTÉ DU VENT...
... C'EST BIENTÔT TERMINÉ OU BIEN ?
Ça se passe parfaitement bien.
Je vais y arriver, comme j'y suis arrivé toute ma vie.
Bon Dieu, c'est quoi cet endroit ?

Tu vas y arriver… tu veux dire comme tu y es arrivé avec *Don Quichotte* ?
AIR FORCE
Fidèle Sancho, après toutes ces années, je dois me rendre à l'évidence : je ne crois pas que nous puissions finir ce film sans le metteur en scène…
Orson ? Il doit être quelque part en train de filmer un autre truc…
Ben… Et **NOUS ALORS**, Sancho ?

U.S. AIR F
AY! Vous allez pouvoir lui poser la question vous-même, Maître. Il est juste là-bas.
QUOI ?
ORSON !

Dios mio, Orson, où est-ce que...
Comment se finit l'histoire ?
Quand est-ce qu'il va y avoir cette fameuse explosion nucléaire ?
Nous errions depuis des lustres sans toi.
Lo siento, querido Francis-
Je t'ai supplié de finir ce film avant QUE JE MEURE !
Tu as une super gueule dans le film, Akim, mon vieil ami !
Ne vous arrêtez pas, les gars...
C'est le destin d'un chevalier errant et de son écuyer : ne jamais s'arrêter. Nulle part.

La crainte de l'achèvement ! Peut-être que c'est un vrai truc, ça, ce syndrome dont ils parlent à ton sujet...
Épargne-moi ta psychanalyse de pacotille...
Voyons donc ! C'est arrivé trop souvent pour que ce soit juste par accident.
Quichotte est un projet personnel... et il n'est pas fini à cause d'un problème de financement. Il sera achevé un jour, mais comme un auteur l'achèverait, comme il me plaît **ET QUAND ÇA ME CHANTE...**
D'accord. Mais alors qu'en est-il des autres trucs en souffrance ? *The Deep*, *Les Rêveurs*... la liste est longue...
LA POISSE ! Ça te va comme explication ?

J'ai eu un pot comme jamais personne dans l'histoire du cinéma, et puis j'ai eu la pire poisse du monde pour avoir eu le meilleur pot dans toute l'histoire du cinéma..
La chance n'a rien à voir là-dedans. Il fallait **DU GÉNIE** pour pondre un putain de chef-d'œuvre à vingt-trois ans !
On m'a toujours dit que j'étais un génie, mais je n'ai réalisé que je n'en étais pas un que vers la quarantaine.
HA !
HOLLY

Je suis tout ce qu'un artiste ne devrait pas être : pas commercial, pas conventionnel.
Oui, c'est vrai. Proposer des œuvres difficiles pour un public marginal, c'est mauvais pour les affaires. Tu étais bien trop en avance sur ton temps.
Alors voilà, Hollywood n'aime pas trop ça, tu vois ?
Hollywood préfère plutôt les types qui sont *à peine* en avance sur leur temps, genre pas plus de **QUELQUES SECONDES**. Ce sont ceux-là qui leur font gagner de l'argent.

C'est ça, Hollywood, mon pote. Si tu y vas, tu n'as plus le droit d'être amer. Tu t'es assis à la table et tu as joué.
Oui, mais je n'ai jamais joué avec assez d'enthousiasme… ou assez de fourberie, c'est selon.
Arrête de pleurer sur ton sort. Tu es parfait comme tu es.
J'en ai marre d'entendre des vieilles personnes dire qu'elles n'ont aucun regret !
Eh bien, tu sais quoi ? **J'EN AI, DES REGRETS**, monsieur l'Ombre.

Tous autant que nous sommes, nous **CHANCELONS** sous les regrets...
Non, ne...
... Nous sommes **ÉCRASÉS** par les regrets...
Arrête...
... Nous **TOMBONS** sous le poids des regrets.
J'ai dit...
ARRÊTE !

SI JAMAIS IL Y AVAIT UNE CHUTE,
ELLE AURA ÉTÉ ENTIÈREMENT DE TON PROPRE FAIT !
PERSONNE NE T'A EMPÊCHÉ DE FAIRE D'AUTRES CITIZEN KANE !
GROWL !
WOF WOF ! WAF ! WIF WAF ! WAF !

Très bien.
Balancez un peu de lumière, là...
Zoome un chouïa.
C'est bon.
Pas plus que ça. Parfait.

Non.
Personne ne m'a empêché de faire quoi que ce soit.
MITCHELL
Personne ne pourrait.
Mon amour pour le cinéma est bien plus profond que ce qu'ils pour-raient jamais imaginer.

Le cinéma... la boîte de peinture la plus dispendieuse qui soit, mais je ne cesserai jamais de créer avec.
Je veux encore expérimenter...
Il y a encore de la place pour de nouvelles façons de raconter une histoire...
... de filmer...
... de monter...
Et puis les films d'aujourd'hui sont devenus plus... audacieux. Ça m'ouvre des tas de possibilités de monter des projets, bien plus que ces dernières années.

Fzzzzzzzz
J'ai encore ce... cet appétit...
... cette FAIM !

Bon...
Maintenant, je veux rentrer chez moi. Cette gentille comédie a assez duré.
C'est par où qu'on sort de ce foutoir ?
Par là...
Juste après le sommet de la colline là-bas...

... Et ceci est un foutu plateau, d'accord ? **UN STUDIO !**
Oui, c'est ça.

Promets-moi une seule chose : finis le film...
Oh oui... Je vais finir De l'autre côté du vent...
...Tu peux parier ton chapeau.
DAOUDI '23

Je suis Orson Welles.
ORSON WELL

ESLAND

Si vous voulez
un happy end,
il faudra de
toute évidence
déterminer l'endroit
où vous arrêtez
votre histoire.

George Orson Welles
1915-1985

SHIFT KEY
SHIFT KEY

Raconter l'histoire d'Orson Welles n'aurait pas été possible sans une documentation considérable. Une grande partie du texte dit par Orson Welles et certaines personnes qui lui étaient proches provient des sources ci-après.

Je tiens à rendre hommage à ceux qui sont encore de ce monde et à saluer la mémoire de ceux qui sont passés à la postérité.

Je veux aussi exprimer ma gratitude et mon admiration envers les biographes, écrivains, journalistes, cinéastes et essayistes qui ont produit ces ouvrages et documentaires superbement écrits et incroyablement précieux.

Bibliographie

Livres

Brady Frank, *Citizen Welles:A Biography of Orson Welles*, Macmillan, 1989

McBride Joseph, *What Ever Happened to Orson Welles?:A Portrait of an Independent Career*, The University Press of Kentucky, 2006

Benamou Catherine, *It's All True:Orson Welles's Pan-American Odyssey*, University of California Press, 2007

Binskind Peter, *En tête à tête avec Orson:Conversations entre Orson Welles et Henry Jaglon*, Robert Laffont, 2015

Bogdanovich Peter, *This is Orson Welles*, DaCapo Press, 1998

Welles Feder Chris, *In My Father's Shadow: A Daughter Remembers Orson Welles*, Algonquin Books, 2009

Heylin Cliton, *Despite the System:Orson Welles Versus the Hollywood Studios*, Chicago Review Press , 2005

Karp Josh, *Orson Welles's Last Movie: The Making of* The Other Side of the Wind, St. Martin's Press, 2015

Bazin André, *Orson Welles*, Cahiers du Cinéma, 2003

Naremore James, *The Magic World of Orson Welles*, Southern Methodist University Press, 1989

Shakespeare William, *The Complete Works of William Shakespeare*, The Project Gutenberg, 1994

Bond Dorian, *Me and Mr Welles: Travelling Europe with a Hollywood Legend*, The History Press, 2018

Heston Charlton, *In the Arena: An Autobiography*, Simon & Schuster, 1995

Wells Orson, Everybody's Shakespeare, The Todd Press, 1934

Berhomé Jean-Pierre et Thomas François, *Orson Welles au travail*, Cahiers du Cinéma, 2006

Duncan Paul et Feeney F.X., *Movie Icons: Welles*, Taschen, 2006

Articles

Bazin André et Bitsch Charles, *Entretien avec Orson Welles*, Cahiers du cinéma, n° 84, juin 1958.

Brody Richard, *Herman Mankiewicz, Pauline Kael, and the Battle over* "Citizen Kane", The New Yorker, 14 novembre, 2020.

Cobos Juan et Rubio Miguel, *Orson Welles: Chimes at Midnight*, Cahiers du cinéma, n° 179, juin 1966.

Leaming Barbara, *Orson Welles: The Unfulfilled Promise*, The New York Times, 14 juillet 1985.

Parkinson Michael, *The Orson Welles Interview*, BBC, 1974.

Welles Orson, *Letter to the The New Statesman - London. Regarding* Touch of Evil, 24 mai 1958.

Welles Orson, *Twilight in the Smog*, Esquire, mars 1959.

Welles Orson, *But Where Are We Going?*, Look, 3 novembre 1970.

https://www.wellesnet.com

http://www.themagnificentambersons.com/

Documentaires

Cousins Mark, *Les Yeux d'Orson Welles*, BQHL, 2021, 110 min.

Foster Bill, *A Tribute to Orson Welles*, CBS, 1975, 120 min.

Kapnist Élisabeth, *Orson Welles:autopsie d'une légende*, CPB Films, 2015, 56 min.

Krohn Bill, Meisel Myron et Wilson Richard, *It's All True:Based on an Unfinished Film by Orson Welles*, Les Films Balenciaga, 1993, 85 min.

Maysles Albert et David, *Orson Welles in Spain*, Maysles Films, 1963, 10 min.

Neville Morgan, *They'll Love Me When I'm Dead*, Netflix, 2018, 98 min.

Orson Welles' Sketch Book, BBC, 1955, 6 épisodes de 15 min.

Reichenbach François et Rossif Frédéric, *Portrait d'Orson Welles*, ORTF, 1968, 25 min.

Welles Orson, *Around the World with Orson Welles*, ITV, 1955, 6 épisodes de 25 min.

Welles Orson, *One Man Band* (inachevé), CBS, 1968-1971, 29 min.

Welles Orson, *Orson Welles' Magic Show*, 1976-1985, 27 min.

Welles Orson, *Filming Othello*, Klaus et Juergen Hellwig, 1978, 84 min.

Welles Orson, *Filming* The Trial (inachevé), 1981, 82 min.

Workman Chuck, *Magician:The Astonishing Life and Work of Orson Welles*, Charles S. Cohen, 2014, 95 min.

Yentob Alan, *The Orson Welles Story*, BBC, 1982, I, 111 min, et II, 54 min.

Œuvres d'Orson Welles

Réalisateur

1941: *Citizen Kane*

1942: *La splendeur des Ambersons*

1943: *Voyage au pays de la peur* (co-réalisé avec Norman Foster)

1946: *Le Criminel*

1947: *La Dame de Shanghai*

1948: *Macbeth*

1952: *Othello*

1955: *Dossier secret*

1958: *La Soif du mal*

1962: *Le Procès*

1965: *Falstaff*

1968: Une histoire immortelle

1973: *Vérités et Mensonges*

1970-1976: *De l'autre côté du vent*

1992: *Don Quichotte*

Films inachevés

1941-1942: *It's All True*

1960: *Orson Welles on Stage in Dublin*

1967: *The Heroine*

1967-1970: *The Deep*

1968: *Vienna* - Épisode inachevé du projet télévisuel *Orson's Bag*

1968-1971: *One Man Band* - Également connu sous le titre de *Orson Welles' London* et autre épisode du projet *Orson's Bag*

1981: *Filming the Trial*

1980-1982: *The Dreamers*

1976-1985: *Orson Welles' Magic Show*

1985: *King Lear* - Essais

Théâtre
(liste non exhaustive)

1918: *Madame Butterfly* de Giacomo Puccini - "Trouble" - Chicago Opera, Ravinia Opera House - Dir. Cleofonte Campanini

1926: Nativity play - "Mary" - Dir. Roger Hill

1930: *Androcles and the Lion*, adaptation de G. B. Shaw - "Ferrovius" - Todd Troupers - Todd Seminary for Boys - Dir. Orson Welles

1931: *Jew Süss* - d'après Lion Feuchtwanger "Alexander of Württemberg" - Dublin Gate Theatre Company - Gate Theatre, Dublin - Dir. Hilton Edwards

1931: *The Lady from the Sea* Henrik Ibsen - Dir. Orson Welles

1933 - 1934: *Romeo and Juliet* - "Mercutio" - Katharine Cornell Repertory Company - Erlanger Theatre in Buffalo, New York - Dir. Guthrie McClintic

1935: *Panic* d'Archibald MacLeish - "McGafferty" - Phoenix Theatre - Imperial Theatre, New York - Dir. James Light

1936: *Macbeth* - Adapt. Orson Welles, Federal Theatre Project - Lafayette Theatre, Harlem, New York - Dir. Orson Welles

1936: *Horse Eats Hat* d'Eugène Labiche et Marc-Michel - Adapt. Orson Welles et Edwin Denby - "Mugglethorp" - Federal Theatre Project - Maxine Elliott Theatre, New York - Dir. Orson Welles

1937: *The Tragical History of Doctor Faustus* - Federal Theatre Project - Maxine Elliott Theatre, New York - Dir. Orson Welles

1937: *The Cradle Will Rock* de Marc Blitzstein - Federal Theatre Project - Venice Theatre, New York - Dir. Orson Welles

1938: *The Shoemaker's Holiday* de Thomas Dekker - Mercury Theatre, New York - Dir. Orson Welles

Heartbreak House de G. B. Shaw - Mercury Theatre, New York - Dir. Orson Welles

Too Much Johnson de William Gillette - Adapt. Orson Welles - Mercury Theatre - Stony Creek Theatre, Stony Creek, Connecticut - Dir. Orson Welles

Danton's Death de Georg Büchner - "Louis Antoine de Saint-Just" - Mercury Theatre, New York - Dir. Orson Welles

1939: *Five Kings (Part One)* de William Shakespeare - Adapt. Orson Welles - "Sir John Falstaff" - Mercury Theatre - Colonial Theatre, Boston - Dir. Orson Welles

1941: *Native Son* - Paul Green et Richard Wright - Mercury Theatre - St. James Theatre, New York - Dir. Orson Welles

1943: *The Mercury Wonder Show* - "Orson the Magnificent" - Mercury Theatre - Cahuenga Boulevard, Hollywood - Dir. Orson Welles

1946: *Around the World* de Jules Verne - Adapt. Orson Welles - Musique Cole Porter "Inspecteur Dick Fix", "Magicien japonais" Mercury Theatre - Boston Opera House, Boston - Dir. Orson Welles

1947: *Macbeth* de William Shakespeare - "Macbeth" - Mercury Production, Utah Centennial Festival - Kingsbury Hall, University of Utah, Salt Lake City - Dir. Orson Welles

1950: *The Blessed and the Damned* d'Orson Welles - "Various", "Faustus" - Théâtre Édouard VII, Paris - Dir. Orson Welles

1951: *Othello* de William Shakespeare "Othello" - Theatre Royal, Newcastle - Dir. Orson Welles

1953: *Une femme dans la glace* d'Orson Welles (libretto) et Jean-Michel Damase score - Ballet de Paris, Paris - Dir. Orson Welles

1955: *Moby Dick-Rehearsed* de Herman Melville - "Capitaine Ahab" - Duke of York's Theatre, Londres - Dir. Orson Welles

1956: *King Lear* de William Shakespeare - "King Lear" - New York City Center Theater Company - Lincoln Center Theater, New York - Dir. Orson Welles

1960: *Chimes at Midnight* de William Shakespeare (dialogues) - Adapt. Orson Welles - Gate Theatre Company - Grand Opera House, Belfast - Dir. Hilton Edwards

Rhinoceros d'Eugène Ionesco - English Stage Company - Royal Court Theatre, Londres - Dir. Orson Welles

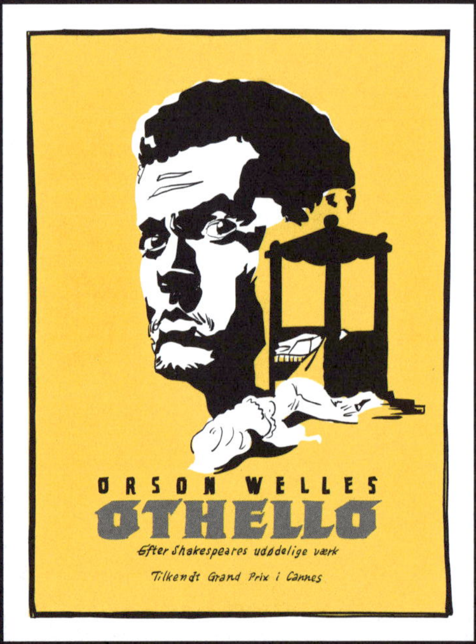

Radio
(liste non exhaustive)

1934 : *The American School of the Air* (CBS)

1935 – 1936 : *The March of Time* (CBS) – *America's Hour* (CBS)

1936 : *The Wonder Show* (Mutual) – *Columbia Workshop* (CBS) – *Peter Absolute* (Red)

1937 – 1939 : *Les Misérables* (Mutual) – *Columbia's Shakespeare* (CBS) – *The Shadow* (Mutual) – *First Person Singular* (CBS) – *The Mercury Theater on the Air* (CBS) – *The Silver Theater* (CBS) – *The Campbell Playhouse* (CBS)

1941 : *The Orson Welles Show* (CBS) – *The Cavalcade of America* (NBC, Red) – *Hello Americans* (CBS) – *Ceiling Illimited* (CBS) – *Treasury Star Parade* (Synd)

1944 : *The Orson Welles Almanac* (CBS) – *Suspense* (CBS) – *The Fifth War Loan Drive* (CBS) – *Labor Party Broadcast* (CBS)

1945 – 1946 : *This Is My Best* (CBS) – *Orson Welles Peace Conference Forum* (Blue) – *Command Performance* (AFRS) – *Orson Welles Commentaries* (ABC)

1951 – 1952 : *The Adventures of Harry Lime* (Synd) – *The Black Museum* (Synd)

1953 : *Song of Myself* (BBC) – *Theatre Royal* (Synd)

1954 : *The Adventures of Sherlock Holmes* (BBC)

1956 : *Tomorrow* (Synd) – *Biography in Sound* (NBC)

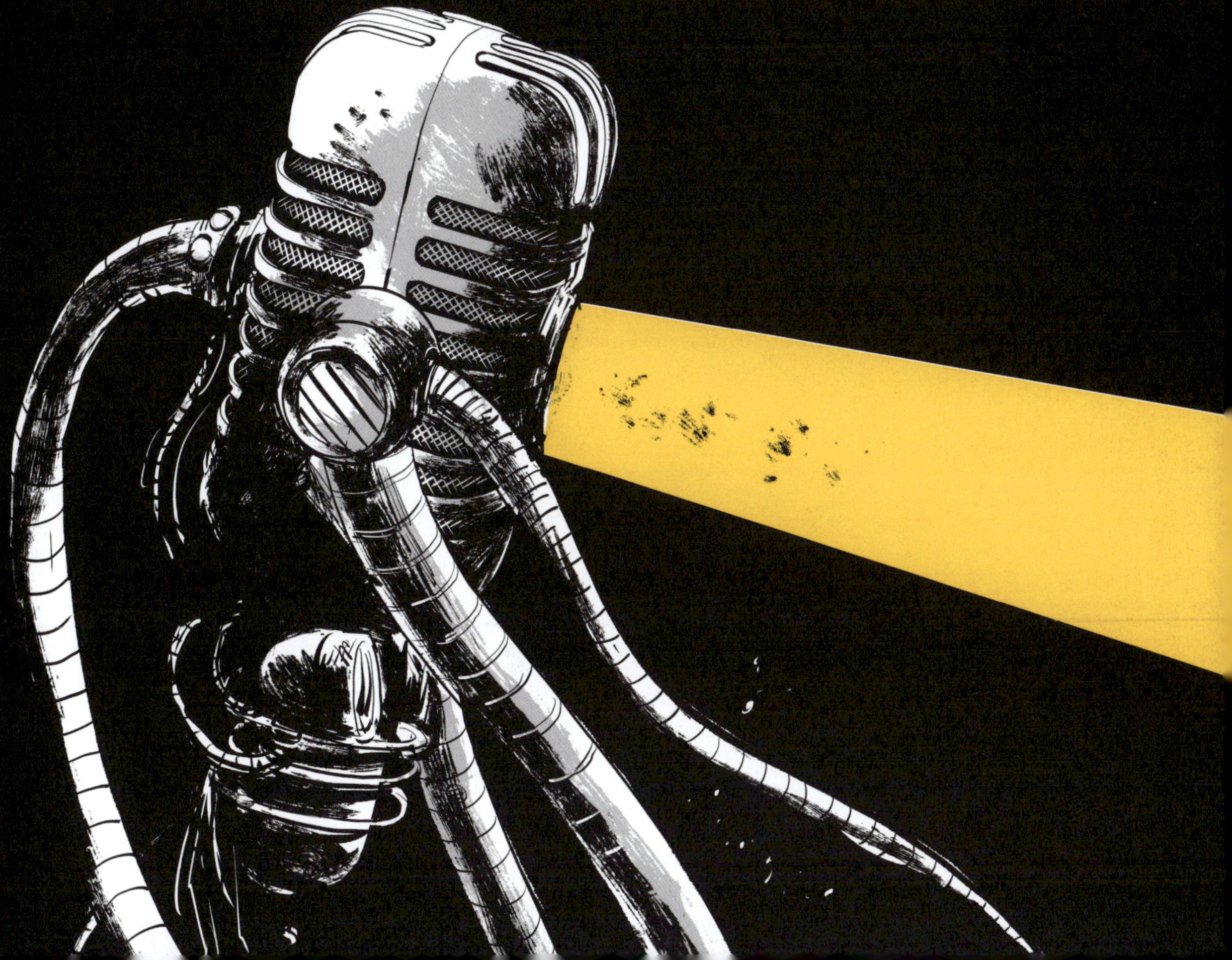

À ma mère qui est partie
un matin ensoleillé de mai.

Je suis particulièrement reconnaissant
envers ma merveilleuse épouse dont
le support indéfectible a été salvateur
lors des nombreux moments d'épuisement
et de doute.

Je tiens à remercier Igor Ólafs,
un fervent aficionado d'Orson Welles.
Nos longs échanges ont été utiles pour
naviguer dans les complexités du personnage
et de son histoire. Merci aussi Fabien Laze
pour son écoute et ses encouragements.

Toute ma gratitude
au Centre National du Livre
pour son soutien à ce projet
depuis le début.

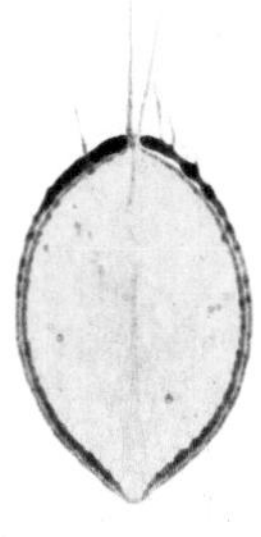

Bonsoir...
...Je suis Orson Welles

Scénariste et dessinateur de bande dessinée, Youssef Daoudi a été auparavant, et pendant quinze ans, directeur artistique, producteur et réalisateur pour diverses agences de publicité internationales. Ses romans graphiques « Monk ! Thelonious, Pannonica... une amitié, une révolution musicale » et « Le Dernier debout » ont été sélectionnés pour les Eisner Awards aux USA, respectivement en 2019 et 2024.

Bibliographie :

Éditions Casterman
La Trilogie noire, d'après Léo Malet :
- *La vie est dégueulasse*
- *Le soleil n'est pas pour nous*
- *Sueur aux tripes*

(textes de Philippe Bonifay)

Éditions Fluide Glacial
- *Les Maîtres de guerre*

Éditions Glénat
- *Mayday* (2 tomes parus)
- *Ring* (scénario de Daoudi et Ilias)
- *Tripoli*

Éditions Martin de Halleux
- *Monk ! Thelonious, Pannonica... une amitié, une révolution musicale*

Éditions Futuropolis
- *Le Dernier debout : Jack Johnson, fils d'esclaves et champion du monde*

(poésies de Adrian Matejka)

Directeur de collection : Jean Wacquet

Dépôt légal : septembre 2024. ISBN : 978-2-413-04111-5
Première édition

Conception graphique : Studio Delcourt/Soleil

Achevé d'imprimer en août 2024
sur les presses de l'imprimerie PPO, à Palaiseau, France

www.editions-delcourt.fr